北大版对外汉语教材·阅读教程系列

汉语天天读

（中级篇）

Read Chinese Everyday III

主　编　毛　悦
编　著　李　芳　胡盈盈

北京大学出版社
PEKING UNIVERSITY PRESS

图书在版编目(CIP)数据

汉语天天读.中级篇 / 毛悦主编. — 北京：北京大学出版社，2011.5
(北大版对外汉语教材·阅读教程系列)
ISBN 978-7-301-18842-2

Ⅰ.汉… Ⅱ.毛… Ⅲ.汉语－阅读教学－对外汉语教学－教材 Ⅳ.H195.4

中国版本图书馆CIP数据核字(2011)第078831号

书　　　名：汉语天天读(中级篇)
著作责任者：毛　悦　主编
责 任 编 辑：沈　岚
标 准 书 号：ISBN 978-7-301-18842-2/H·2825
出 版 发 行：北京大学出版社
地　　　址：北京市海淀区成府路205号　100871
网　　　址：http://www.pup.cn
电　　　话：邮购部 62752015　发行部 62750672　编辑部 62753374　出版部 62754962
电 子 邮 箱：zpup@pup.pku.edu.cn
印　刷　者：北京大学印刷厂
经　销　者：新华书店
787毫米×1092毫米　16开本　13.5印张　340千字
2011年5月第1版　2011年5月第1次印刷
定　　　价：48.00元(含1张MP3)

目录

前言

目前面向外国学生的汉语阅读教材大多为以满足分技能设课的教学机构阅读课使用的精读教材。而学习者阅读能力的提高只靠课上细读几篇课文是远远不够的。很多教师和学习者都认识到大量的泛读练习,特别是课外阅读一些汉语读物,对于提高汉语阅读能力非常必要。如何让外国学习者在轻松的心态下阅读一些汉语文章或读物,如何让他们既提高汉语水平又了解了中国文化、中国人,帮助他们养成坚持用汉语阅读的习惯,这是《汉语天天读》的编写初衷。

优秀的阅读教材既能拓宽和加深外国留学生对中国文化和当代社会的认识和了解,也能使他们所掌握的汉语语言知识得到梳理,从而对汉语有更加系统的认识。优秀的阅读教材将帮助留学生学好汉语,了解中国。

《汉语天天读》系列课本体现了以学生为中心的思想,着重培养学习者的汉语阅读习惯,提高学习者的快速阅读能力。本套教材以周为单位,以话题为主线,每周按照周一到周五的时间顺序,每天选取一篇文章,五篇文章形成一个小坡度,紧紧围绕话题。除了课文、生词、重要语言点和练习之外,我们还设计了周末总盘点,对该周所学内容加以概括、总结,重现重要内容,使学习者扎实掌握重要语言点。

选篇注重课文内容的现实性,提高学生的学习积极性,使外国留学生在学习汉语的同时,加深对中国社会和中国文化的了解与认识。教材的使用对象是学生,选择课文的内容主要从学生的角度来考虑,课文反映当代中国的日常生活、思维方式和思想状况等。教材形式多样、生动活泼,不仅注意课文体裁的选择,也重视各种练习的设计。通过精心的构思,使教材成为留学生学习汉语、了解中国的"导游图"。在课文体裁方面,有记叙文、说明文、议论文等。

《汉语天天读》系列教材共四册,包括初级篇、准中级篇、中级篇、高级篇,面向海内外汉语作为第二语言学习的学习者,既可以作为阅读课专用教材,也可以作为课外阅读辅助教材，还可以作为自学教材。

初级篇：适合具有初步阅读能力，掌握汉语简单句型和500个左右词汇的学习者。共12周。涉及日常生活、学习、社交等内容。主要目的是让学生了解当代中国人的日常生活。

准中级篇：适合具有基本的阅读能力，掌握汉语主要复句、特殊句式及1000个左右词汇的学习者。共12周。涉及生活、学习、交通、工作、旅游等一般性交际项目。

中级篇：适合具有一般的阅读能力，掌握1500个以上汉语词汇以及汉语语法基础内容的学习者。共12周。涉及家庭、传媒、习俗、社会文化等方面，包括较复杂的文化背景和婚姻、教育、法律、农业、工业、电脑等问题。

高级篇：适合具有较好的阅读能力，掌握2500个以上汉语词汇，能够阅读较复杂句式的学习者。共12周。涉及社会文化、文学艺术、政治经济等较复杂的内容，如中国的建筑、民族、艺术、科学发展等。

《汉语天天读》系列教材体例如下：

1. 课文：以交际话题为纲，每周一个话题，围绕主话题选取课文。编教材的前期我们对即将使用该教材的学习者进行了需求分析，选取了不同学习水平的学习者感兴趣的话题，围绕主题选编课文。文章主要选自最新的报纸、杂志、网络等，篇幅短小、生动有趣，突出反映当代中国的社会文化情况。课文按照出现的生词量和语言点难度分级标注，星数越高，难度越大。同时根据文章长短和难度注明建议阅读时间，供学习者自己阅读时参考。

2. 小贴士：每篇课文末都有三五句话介绍与该课相关的文化知识，帮助学习课文。通过小贴士，学习者能更好地了解当代中国。

3. 生词：每篇文章末我们列出了该文章的重点词汇，并且配有汉语拼音和英文释义，帮助学习者通过阅读学习新词，扩大词汇量。

4. 重要语言点：本着淡化语法，少用概念和术语，多提供情景、例句、阐明用法的思想，语言现象的注释简明、扼要。配有英文翻译，同时注重用法及使用条件的说明，列出部分例句。

5. 练习：每篇课文后均有练习。练习设计有层次，练习类型多种多样，每个练习都很短，各项练习之间具有一定的内在联系，很多练习以活泼的游戏形式出现。

6. 周末总盘点：每单元(周)结束时，有周末总盘点部分，包括以下几个部分：

(1) 词汇盘点：周末词汇盘点中，我们列出了与该周话题紧密相关的重点词及其主要搭配，旨在帮助学习者更好地掌握词汇的用法。

(2)玩转周末：我们的练习形式多种多样，如填空、选择、完成句子、替换练习。主要目的是让学生在读完文章后，头脑中留有一些重要的格式与范句，并能达到熟练运用的程度。

(3) 轻松一刻：每个单元后的小笑话都跟那个单元的话题有关，使学生学完一个单元以后在轻松的状态下了解一些中国的习俗和文化。

(4) 在哪儿见过：每单元为学习者提供与该单元话题相关的真实照片，照片上多带有汉字，让学习者通过看照片学习真实的标牌用语，也通过照片了解当代中国。这对于海外学习者来说应该是很有益的。

本教材可用于汉语作为第二语言课堂教学，教师可根据学生水平选取每单元(周)中的重要文章作为精读，其余部分作为泛读；也可直接作为泛读教材，以作业的形式要求学生课下按要求阅读，以提高阅读速度、扩大词汇量、了解中国；还可作为自学教材，自己坚持按教材的时间计划阅读，相信也会在短期内收到很好的效果。

编者

2009 年12月

Preface

Read Chinese Everyday is a series of textbooks with an emphasis on improving students' reading skill. This set of books is topic-based, one unit per week. From Monday to Friday, we select five articles for a week with increasing difficulty, including the texts, new vocabulary and important language points related to the topics. We also designed a unit review to summarize and reinforce students' understanding.

In order to enhance students' learning initiative, texts were selected from daily life, contemporary China and the Chinese way of thinking. This not only helps foreign students to study the language, but also learn more about Chinese society and culture. The compilation and design of the books are with diverse texts such as narrative, and argumentative writing. We not only pay attention to the genre of the texts but also the design of the exercises.

Read Chinese Everyday series consists of four volumes, including elementary, sub-intermediate, intermediate and advanced articles, which are for students learning Chinese as a second language in China or abroad, and for use as an extensive reading class, supplementary, or self-study materials.

Elementary

Designed for students with elementary reading ability. The objective is to master simple sentences and learn 500 Chinese characters within 12 weeks. It involves daily life, social and other communication activities. The main purpose is to enable students to understand people's daily life in contemporary China.

Sub–Intermediate

Designed for students with basic reading skills. The objective is to master Chinese, complex sentences, special sentences, and learn 1000 Chinese characters within 12 weeks. It involves life, study, transportation, work, travelling and other communication activities.

Intermediate

Designed for students with general reading skills. The objective is to master more than

1,500 Chinese characters and have a good knowledge of Chinese grammar within 12 weeks. It involves family, media, customs, social and cultural aspects of more complex cultural background, such as marital problems, education, legal issues, agriculture, industry and technology.

Advanced

Designed for students with good reading skills. The objective is to master more than 2,500 Chinese characters, and allow students to use complex sentence patterns and read abstract texts within 12 weeks. It involves social culture, art and literature, politics, economics and other more complex content, such as China's architectural, ethnic, artistic and scientific development.

In each volume of the *Read Chinese Everyday* series:

1. Texts: The texts are topic-centered and provide students with communication. We conducted a "needs analysis" of the learners who will use these books and we selected texts according to their interests. In short, lively and interesting articles are taken mainly from the latest newspapers, magazines and network. The social and cultural context in contemporary China is highlighted. The difficulty of each passage is rated by the amount of new words and the complexity of language points—the more stars the more difficult. Reading time is suggested, based on the length and difficulty of the article.

2. Tips: At the end of each text, there are several sentences describing some text-related cultural knowledge to help the learners understand the text.

3. New words: We list the main words at the end of each article with *pinyin* and the English definition. This allows learners to expand their vocabulary.

4. Important language points: The language points are clarified by clear and concise language, less concepts and terminology, more examples are provided. They are brief and readable, with English translation.

5. Exercises: There are exercises after each text, designed at different levels, including many interesting games.

6. Unit review: there is a unit review at the end of each unit (each week). It includes the following components:

(1) Vocabulary review: main vocabulary ane listed, designed to help learners fully grasp the usage of the term.

(2) Fun weekend: There are diverse exercises in each unit, such as guessing riddles, brainteasers, interesting character games and so on. The main purpose is to enable students to enjoy learning Chinese.

(3) Easy time: The jokes are related to the unit topic, help students understand some Chinese customs and culture in a relaxed way.

(4) Where have you ever seen: It provides learners with real photos with characters

related to the unit topic. Through the photographs, students not only learn the language, but also understand modern society in China. This is indeed very useful for foreign learners.

This material can be used for teaching Chinese as a second language. According to the students, teachers can select articles as intensive reading in each unit (week), and the rest as extensive reading. The texts can also be directly used as extensive reading materials, requiring students to read them within a certain time for improving their reading speed, expand vocabulary, and further understand China. It can also be used as self-learning materials. If the students can read Chinese everyday, their Chinese can surely be improved.

第一周

这个夏天有点儿凉

星期一 Monday

难度：★★　建议时间：2分钟　字数：252

小雪

每年11月22日左右进入二十四节气的“小雪”。这个时候气温会下降，逐渐降到0℃以下，并且开始下雪，不过雪量一般不大。

进入小雪节气，意味着气温持续降低。天气寒冷，降水状态由雨变成雪，雪小，地面上又没有积雪，这是“小雪”节气本来的意思。

11月22日是2009年“小雪”节气的开始。一般小雪节气前后，黄河流域一带会下雪，南方的北部地区也开始进入冬天。今年，受11月份以来的几股强冷空气影响，中国北方和长江中下游大部分地区出现明显的下雪天气，不少地区下第一场雪的日期明显提前。截至11月21日，中国省会城市有22个已经下过第一场雪了。

（改编自石家庄市气象局网）

小贴士

二十四节气能反映季节的变化，能指导农业活动。几千年来中国人民的主要活动中心大多集中在黄河流域，所以二十四节气也是根据这一带的气候特点建立的。但是中国很大，二十四节气对于很多地方来说只是一种参考，而且每个地方的节气都会有自己的、跟其他地方不一样的具体意思。

生词 New words

1. 小雪	（名）	xiǎoxuě	slight snow (20th solar term), about November 22 of a year
2. 逐渐	（副）	zhújiàn	gradually; slowly
3. 积雪	（名）	jīxuě	accumulated snow
4. 流域	（名）	liúyù	river basin
5. 股	（量）	gǔ	*used for strength, smell, etc.*
6. 场	（量）	chǎng	*used for recreational or sports activities*

学一学 Grammar

1. 一般

(1) 用做形容词

① 她很不一般，工作能力非常强。

② 这部手机虽然很好看，可是质量一般。

(2) 用做副词

① 学生一般都很尊重老师。

② 中国人的姓一般都是一个字，最多两个字。

③ 在中国，妇女一般是对已经结婚的女人的称呼。

2. 受……影响

常用搭配，注意介词用的是“受”。

(1) 爷爷是个京剧迷，受爷爷影响，小明也爱上了京剧。

(2) 由于受天气的影响，从纽约到北京的飞机晚点了三个小时。

(3) 他们俩关系不太好，因此工作也受到了影响。

练一练 Exercises

1. 在下列空格中填入合适的汉字，使得上下左右能组成词或短语

Fill in the blanks with a suitable character to form a word or phrase around

____	
明	____
	然

空	
____	温
	____

2. 选词填空

Choose the correct words

(1) 每年11月22日左右开始下雪，不过雪量（普通/一般）不大。

(2) 天气寒冷，雨变成雪，雪很小，地面上没有积雪，这是“小雪”这个节气（本来/以前）的意思。

(3) 一般小雪节气（左右/前后），中国南方的北部地区开始进入冬天。

(4) 今年，受11月份以来的几股强冷空气影响，中国北方出现（显然/明显）的下雪天气。

星期二 Tuesday

难度：★★ 建议时间：2分钟 字数：260

台风

台风经过的时候，常常伴随着大风和暴雨等。

发生台风时，要注意：1.千万不要下海游泳。台风来时，在海滩游泳是十分危险的。2.受伤后，不要盲目自救，应拨打120。3.尽可能远离建筑工地。因为有的工地围墙经过雨水的渗透，可能会松动，甚至可能倒塌。4.如果一定要出行，建议坐火车。航空、铁路、公路三种交通方式，其中公路交通一般受台风影响最大。如果一定要出行，建议不要自己开车，坐火车是最佳选择。5. 为了自己和他人的安全，请检查家中门窗和阳台。台风来临前，应将阳台或窗外的花盆等物品放入屋内。出行时，要注意远离迎风的门窗，不要在大树下躲雨或停留。

（改编自百度百科）

小贴士

台风一般发生在夏天和秋天，最早发生在5月，最迟发生在11月。台风中心登陆(dēnglù, to land)的地点很难准确预报，台风的风向也会有变化，强台风发生时，容易造成人员伤亡(shāngwáng, casualty)。

生词 New words

1. 伴随	（动）	bànsuí	to accompany;to follow
2. 暴雨	（名）	bàoyǔ	torrential rain; rainstorm
3. 海滩	（名）	hǎitān	seabeach
4. 盲目	（形）	mángmù	blind
5. 渗透	（动）	shèntòu	to permeate;to seep
6. 松动	（动）	sōngdòng	not to hard up
7. 倒塌	（动）	dǎotā	to collapse; to topple down

学一学 Grammar

1. 千万……

有"一定"的意思,常用在表示叮嘱的句子里,既能用在肯定句中也能用在否定句中。

(1) 这是我和你的秘密,千万别告诉别人。

(2) 他这个人不太诚实,你千万不要和他交朋友。

(3) 孩子正是长身体的时候,千万要注意营养。

2. 尽可能……

表示尽最大的努力让可能性变成现实。

(1) 父母总是尽可能地满足儿女的要求。

(2) 小王是个非常认真的人,每件事都尽可能做到最好。

(3) 女人怀孕的时候,要尽可能不抽烟不喝酒。

练一练 Exercises

1. 仿照例子,做词语接龙游戏

According to the examples, play word by word games

例如:邀请——请假——假期——期末——末尾

(1) 盲目

(2) 松动

2. 选择合适的词替换画线部分

Select a suitable word with the underlined words

(1) 发生台风的时候,要是受伤了,不要在不了解情况的时候(盲目/随便)自救。

(2) 发生台风的时候,尽可能离建筑工地远一点儿(离远/远离)。

(3) 在台风快要到来(光临/来临)的时候,把阳台上或窗外的花盆放进屋内。

(4) 在台风发生时,要注意远离面对着风(迎风/背风)的门窗。

星期三 Wednesday

难度:★★★　建议时间:2.5分钟　字数:323

这个夏天有点儿凉

雨量和气温都会对农业产生一定的影响。充足、适时的雨量和适宜的气温有利于农业作物的生长。今年夏天,中国东北地区出现持续低温阴雨天气,但是今年又是东北地区的粮食丰收年。之所以能获得丰收,是因为雨水来得比较晚,而播种面积又增加了。

以黑龙江为例。从6月1日到7月26日,黑龙江全省平均降水量达到305毫米，大部分地区的降水量比往年同一时间多50%以上，有的地区甚至多2倍。平均降水天数达37天，比往年同一时间几乎多了11天。日照时长只有200～400小时，比往年同一时间减少了50～100小时。长时间的阴雨天气，使得黑龙江今年的夏天非常凉爽。

另外，据资料显示，黑龙江的平均气温是1984年以来的最低值，只有18.3℃，比往年降低了差不多2℃。这个温度，让已经习惯夏天清爽的黑龙江人也觉得有些“凉”了。

（改编自中国天气网）

小贴士

中国的东北地区指的是由中国的黑龙江、吉林和辽宁三个省构成的区域（qūyù, area），简称“东北”。

生词 New words

1. 粮食	（名）	liángshi	grain; cereals; food
2. 丰收	（动）	fēngshōu	to have a good harvest; bumper harvest
3. 播种	（动）	bōzhòng	to sow
4. 毫米	（量）	háomǐ	millimetre
5. 日照	（名）	rìzhào	sunshine
6. 凉爽	（形）	liángshuǎng	pleasantly cool
7. 资料	（名）	zīliào	data; material
8. 清爽	（形）	qīngshuǎng	fresh and cool

专有名词 Proper names

黑龙江	Hēilóngjiāng	a province of China

学一学 Grammar

1. 之所以……，是因为……

用在表示原因和结果的两个分句中，前面的分句说明结果，后面的分句说明原因。

（1）她之所以成功，是因为她十分勤奋。

（2）玛丽今天之所以迟到，完全是因为飞机晚点了。

（3）我的身体之所以这样好，是因为我每天都坚持锻炼身体。

2. 以……为例

常用搭配，用来举例子，更好地说明观点。

（1）今年夏天，中国东北地区出现持续阴雨天气，以黑龙江为例，黑龙江全省平均降水量达到305毫米。

（2）北京的服务行业发展得很快，以餐饮业为例，有高档的酒店，也有中低档的饭店。

3. 据……显示

常用搭配，这里的"据"可以换成"根据"。

（1）据最新数据显示，Facebook已经成为了美国最大的社交网站。

（2）据统计数据显示，"五一"期间出京的车流量明显增大。

练一练 Exercises

1. 根据课文内容，完成表格

Complete the form according to the text

黑龙江省今年气候情况与往年的气候情况比较

	往年	今年
平均降水量		
平均降水天数		
日照时长		
平均气温		

2. 根据课文内容，判断正误（正确的划√，错误的划×）

Decide whether the following statements are true(√) or false(×) according to the text

（1）由于雨水来得比较晚，今年中国东北地区的粮食获得丰收。

（2）从6月1日到7月26日，黑龙江全省总降水量为305毫米。

（3）去年从6月1日到7月26日，黑龙江全省的平均降水天数是26天。

(4) 去年从6月1日到7月26日，黑龙江全省的日照时长是200～400小时。
(5) 往年黑龙江夏天的平均气温差不多是20.3℃。

星期四 Thursday

难度：★★★★　建议时间：4分钟　字数：345

气候的预言

每隔一段时间，就会有气象科学家对地球的命运感到绝望。其实，如果你一直关注气候科学，就会明白这个意思：我们正在走向灾难，但人们却不喜欢听到这样的话，总是尽自己的努力来避免这个灾难。

情况是这样的：现在我们听到的一些可怕的警告并不是胡言乱语。它们是根据最广受推崇的气候模型做出的预测，而这些模型是顶尖的研究人员设计的。近几年来，对地球的有关预测变得越来越糟。

为什么会出现这种悲观情绪呢？一是一些旧的预测发生了变化。如北极海冰面积每年都在减少，它实际的减少速度比预期的要快得多。二是，我们早就知道人为的温室气体排放会影响环境，可是越来越多的证据表明，这种影响比已认识到的更大。比如，人们早就认识到，全球变暖会使冻土融化，并释放出二氧化碳，但新的研究表明，冻土中的二氧化碳含量要远远超过人们的想象。

（改编自《时代周报》）

小贴士

随着经济的发展，世界自然灾害也明显增加了。目前人类认识到的环境问题主要有：全球变暖、臭氧层(chòuyǎngcéng, ozone layer)破坏、酸雨(suānyǔ, acid rain)、淡水资源危机(dànshuǐ zīyuán wēijī, fresh-water crisis)、能源短缺(néngyuán duǎnquē, energy shortage)、森林资源锐减(ruì jiǎn, to decrease sharply)、土地沙漠化(tǔdì shāmò huà, land desertification)等等。

生词 New words

1. 气象	(名)	qìxiàng	meteorological phenomena
2. 绝望	(动)	juéwàng	to despair
3. 灾难	(名)	zāinàn	disaster
4. 警告	(动)	jǐnggào	to warn
5. 胡言乱语		hú yán luàn yǔ	to talk nonsense

6. 推崇	(动)	tuīchóng	to praise highly
7. 模型	(名)	móxíng	model
8. 预测	(动)	yùcè	to forecast
9. 排放	(动)	páifàng	to discharge
10. 冻土	(名)	dòngtǔ	frozen earth
11. 释放	(动)	shìfàng	to release
12. 含量	(名)	hánliàng	content

学一学 Grammar

1. 对……感到绝望(满意、不满、抱歉、惊讶、好奇)

常用搭配,注意介词用的是"对"。

(1) 大家都对她的突然辞职感到很惊讶。

(2) 孩子总是对他周围的世界感到很好奇。

(3) 对地球的预测变得越来越糟,这让一些科学家对地球的命运感到绝望。

2. 可+V

"可"加一个音节的动词可以变成形容词,用来描述人的心理状态,比如"可笑、可爱、可怕"。

(1) 现在很多人喜欢养狗养猫,因为它们很可爱。

(2) 我觉得他是个幽默的人,因为他说的话让我觉得很可笑。

(3) 昨天晚上我的同屋跟我说了一个非常可怕的故事,害得我整个晚上没睡好觉。

练一练 Exercises

根据课文内容,回答问题

Answer these questions according to the text

1. 为什么作者认为我们听到的一些可怕的警告并不是胡言乱语?
2. 为什么气象科学家对地球的命运感到绝望?
3. 在你看来,我们应该怎么保护环境?

星期五 Friday

难度:★★★★ 建议时间:4分钟 字数:371

广东气温"蜗牛式"回升

受冷空气南下的影响,最近一段时间广东大部分地区气温回升的速度比较缓慢,天气仍然寒冷。不过,根据最新的天气预报,从明天开始全省大部分地区的气温将会越来越高,气温回升的速度有所加快。

昨天广东风力比较大，白天大部分地区多云转阴，天气依然很冷。跟昨天相比，今天早晨广东北部的气温略有回升，南部略有下降。北部最低气温为6～9℃，其余地区在9～11℃之间。

最近两天，阳光似乎特别喜欢广州。但受冷空气影响，广州气温回升也并不明显。昨天广州最高气温14℃，与前天保持一致。今天，广州的天气跟昨天的一样，气温起伏不太大，最高气温15℃，最低气温10℃。不过从明天开始，广州的升温速度会加快，下星期气温可能达到25℃。

另外，最近广州常常遭遇阴雨寒冷的天气，到医院看病的人数增多，发烧、感冒的人比平时平均增加了20%左右。专家特别提醒：市民应注意防寒保暖，及时添加衣物，预防感冒。

（改编自网易）

小贴士

广州位于广东省的中部偏南，是广东省的经济、科技、教育和文化中心，是中国南方最大的城市，是中国通往世界的南大门。广州又被称为“花城”，因为广州人都喜欢花，除夕之夜一家老小逛迎春花市是广州市民的传统。

生词 New words

1. 回升	（动）	huíshēng	to rise again (after a fall)
2. 依然	（副）	yīrán	still
3. 略	（副）	lüè	slightly
4. 其余	（代）	qíyú	the rest; the remainder
5. 一致	（形）	yízhì	unanimous
6. 起伏	（动）	qǐfú	to raise and fall
7. 遭遇	（动）	zāoyù	to meet with; to encounter

学一学 Grammar

1. 其余

指剩下的人或者事物。

（1）只要解决了这个问题，其余的事情就会很顺利。

（2）只有这位是刚认识的，其余的都是老朋友。

（3）这个办公室一共十个人，只有一名男同志，其余都是女同志。

2. 另外

用来连接两个句子,表示并列关系。

(1) 昨天下午我去了邮局,另外还去了水果店。

(2) 这次我来中国主要是学习汉语,另外我也想了解中国文化。

(3) 我们给他们送来了一些食物,另外也带来了一些衣服。

练一练 Exercises

根据课文内容,选择正确答案

Choose the correct answer according to the text

1. 广东气温"蜗牛式"回升,这句话的意思是:(　　)

   A. 广东气温的回升速度很快

   B. 广东气温的回升速度比较缓慢

   C. 广东的气温像一只蜗牛

   D. 广东的气温不会回升

2. 根据最新的天气预报,从明天开始广东省的气温会有什么变化?(　　)

   A. 大部分地区的气温将会回升,而且气温回升的速度将会加快

   B. 只有小部分地区的气温将会回升,但是气温回升的速度将会加快

   C. 大部分地区的气温将会回升,但是气温回升的速度还是比较缓慢

   D. 只有小部分地区的气温将会回升,而且气温回升的速度还是比较缓慢

3. 跟昨天相比,今天早晨广东省的气温有什么变化?(　　)

   A. 北部的气温略有下降,南部略有回升

   B. 北部和南部的气温都回升了

   C. 北部和南部的气温都下降了

   D. 北部的气温略有回升,南部略有下降

4. 广州前天的最高气温是(　　)

   A. 25℃　　B. 15℃　　C. 14℃　　D. 11℃

周末总盘点

词汇盘点 Key words extended

股	渗透	丰收	排放	一致
一股香味 一股热气 一股劲	彼此渗透 文化渗透 渗透进去 成功渗透	连年丰收 丰收在望 喜获丰收 一片丰收的景象	排放废气 排放废水 排放二氧化碳	意见一致 观点一致 目标一致 保持一致

玩转周末 Fun weekend

将下面的词语填入合适的方框内

Fill the following words to an appropriate box

主食　白酒　西瓜　南瓜　饮料　食物　面包　草莓　蔬菜　火龙果

辣椒　绿茶　矿泉水　水果　香菜　饺子　比萨饼

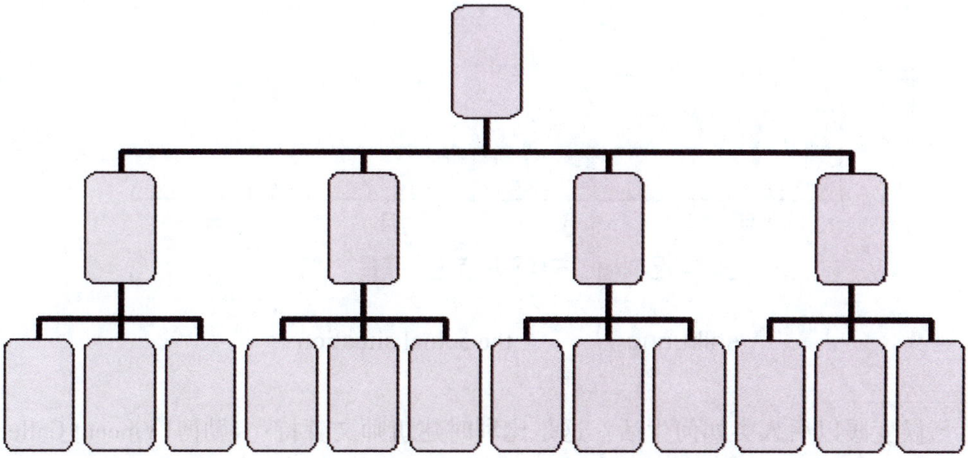

轻松一刻 Easy time

炎热的夏天

炎热的夏天，卖瓜小商贩吆喝："快来吃西瓜，不甜不要钱！"有一位行人很渴了，就问道："哇，太好了。老板，来个不甜的！"

(改编自 www.iq888.com)

The Hot Summer

The pedlar who sells watermelon is shouting: "Come to eat watermelon, no sweet no money!" One pedestrian is very thirsty. He asks: "Wow, nice. Give me a non-sweet."

在哪儿见过? Where have you ever seen these pictures?

1. 这是深圳市气象局发布的深圳市2010年11月中旬的降水预报图:

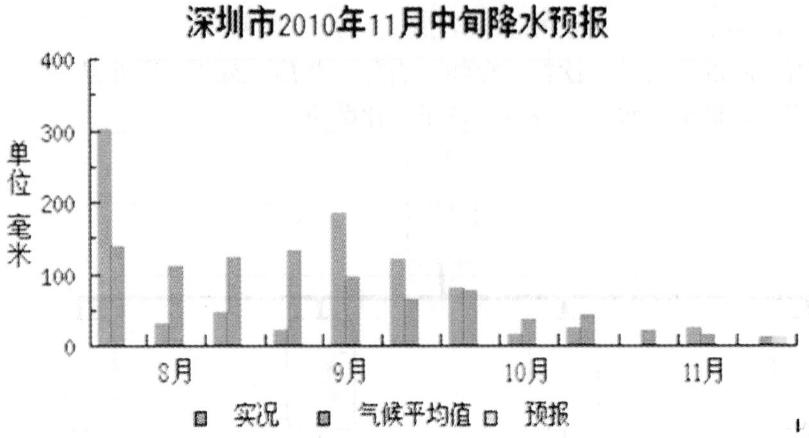

实况　　shíkuàng　　the actual situation

2. 气候变暖以后人类如何生活?这是比利时建筑师文森特·卡勒博(Vincent Callebaut)为气候难民设计的"漂浮(piāofú, to float)城市":

3. 为了提高孩子的环境保护意识，街头举行的亲子活动：

节约用水　　jiéyuē yòngshuǐ　　save water

4. 这是用85.6万个牛奶饮料纸包装材料做成的1000条广场椅放在上海世博园等地方：

世博园　　Shìbóyuán　　EXPO

答案 Key to the exercises

星期一

1.

分	
明	显
	然

空	
气	湿
	度

2. (1)一般 (2)本来 (3)前后 (4)明显

星期二

1. (1)盲目——目的(dì)——的(dí)确——确实——实在
   (2)松动——动作——作用——用处——处理
2. (1)盲目 (2)远离 (3)来临 (4)迎风

星期三

1. 黑龙江省今年气候情况与往年的气候情况比较

	往年	今年
平均降水量	少于305毫米×50%	305毫米
平均降水天数	26天	37天
·日照时长	250~500小时	200~400小时
平均气温	20.3°C	18.3°C

2. (1)× (2)× (3)√ (4)× (5)√

星期四

1. 因为对地球的预测是根据最广受推崇的气候模型做出的。
2. 一些旧的预测发生了变化;人为的温室气体排放对环境的影响比认识到的大得多。
3. 略

星期五

1. B 2. A 3. D 4. C

玩转周末

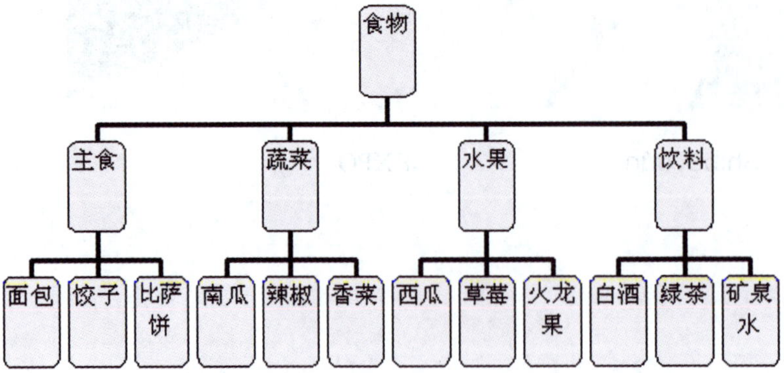

第二周

拼车——第四种交通方式

星期一 Monday

难度：★★　建议时间：2分钟　字数：233

出租车将试用液化天然气

据悉，北京市将推广液化天然气的使用，汽车、出租车、物流车辆等都有望以更环保、更廉价的天然气作为燃料。

据介绍，北京市正在进行液化天然气汽车的相关技术研究和改进。燃气部门将首先在出租车、物流车辆、机场转运车上进行试点并且推广。与汽油、柴油相比，液化天然气作为汽车燃料，污染物排放更少，单位燃料价格更便宜。

此外，为均衡天然气负荷，本市还将推广天然气冷热电三联供技术，对符合条件的独立建筑进行供能系统改造，安装三联供设备，以天然气为燃料实现夏季制冷和冬季供暖，同时发电上网。

（改编自《京华时报》）

小贴士

在北京坐出租车也可以叫做“打的(dī)”，出租车司机称为“的哥”或“的姐”，计费的收据(shōujù, receipt)叫“的票”。也有私家车在马路上非法揽客(lǎn kè, to call on customers)，称为“黑的”。目前，北京市的出租车车价基本统一为2元/公里，起价3公里10元，晚上23点到第二天早上5点，起价为3公里11元。

生词 New words

1. 推广　（动）　tuīguǎng　to popularize
2. 天然气（名）　tiānránqì　natural gas
3. 物流　（名）　wùliú　logistics

4. 廉价	(形)	liánjià	cheap
5. 燃料	(名)	ránliào	fuel
6. 污染物		wūrǎn wù	contaminant
7. 均衡	(形)	jūnhéng	balanced
8. 负荷	(名)	fùhè	load(that a person or machine is expected to perform)
9. 符合	(动)	fúhé	to accord with
10. 安装	(动)	ānzhuāng	to install
11. 设备	(名)	shèbèi	device

学一学 Grammar

1. 此外

连接两个句子或段落，意思是"除了已经说到的以外"，常用在后一个句子的前面。

(1) 这个抽屉里只有几件衣服，此外，没有别的东西。

(2) 玛丽的英语、法语都很好，此外，还会说一点儿西班牙语。

(3) 安娜特别喜欢旅游，此外，对高尔夫球也很感兴趣。

2. ……，同时……

表示并列关系，连接两个分句、句子或段落。

(1) 改革开放让中国的经济快速发展了，同时也给中国带来了一些社会问题。

(2) 这个项目时间紧，同时工作量也很大。

(3) 新时代的女性要工作，同时也要照顾家庭，非常不容易。

练一练 Exercises

1. 连线组成短语

Match and form a phrase

(1) 推广	条件	(2) 排放	研究
符合	设备	进行	系统
安装	技术	改造	污染物

2. 根据课文内容，判断正误(正确的划√，错误的划×)

Decide whether the following statements are true(√) or false(×) according to the text

(1) 跟别的燃料相比，液化天然气更环保、更廉价。

(2) 燃气部门将首先只在出租车上进行试点，然后推广到物流车辆、机场转运车。

(3) 北京市还将改造符合条件的独立建筑的供能系统，安装三联供设备。

(4) 天然气冷热电三联供技术，是用天然气作为燃料实现夏季制冷和冬季供暖、同时发电上网的一种技术。

星期二 Tuesday

难度:★★ 建议时间:2.5分钟 字数:299

退票不得晚于开车前6小时

春运期间,由于出行的旅客远远高出平时,因此春运期间铁路局对退票、改签规定进行了调整。如果您春运出行前临时需要退票或是改签,那最好还是留意一下最新的退票、改签规定,不要耽误了出行。

铁路局介绍,春运期间,因旅客原因退票、改签时,退票时间不晚于开车前6小时,改签车票不得晚于开车前5分钟。而当日当次有效的车票办理推迟乘车的手续时,推迟乘车的时间不超过3天。

节后出行,如果您想送亲朋好友在试行实名制的火车站乘车,您只能送到验票口,因为试行实名制的火车站,在试行期间将不发售站台票。

湖南地区的16个试点火车站将从2月14日凌晨零点开始试行火车票实名制,旅客必须凭车票和第二代有效身份证(或相关证件)才能进站候车。

(改编自2010年1月《潇湘晨报》)

小贴士

春运是中国在春节前后发生的一种大规模的交通运输压力的现象。一般说的是,中国各省之间的交通或者各省内部的交通,不包括大陆与港澳台之间的交通以及国际交通。春运期间客流量非常大,春运一般发生在春节前15天和春节后25天,每年大约40天。为了解决春运问题,中国政府每年都会提前部署(bùshǔ,deploy),但是仍然无法满足春运要求。

生词 New words

1. 退	(动)	tuì	to return
2. 临时	(副)	línshí	temporarily
3. 留意	(动)	liúyì	keep one's eyes open
4. 办理	(动)	bànlǐ	to handle

5. 推迟	（动）	tuīchí	to postpone
6. 试行	（动）	shìxíng	to try out
7. 发售	（动）	fāshòu	to sell
8. 凭	（介）	píng	be based on
9. 相关	（动）	xiāngguān	be related

学一学 Grammar

1. ……期间

表示某一段时间或者时期内。

（1）小王在住院期间读了很多小说。

（2）春节期间很多饭店都推出了送餐券的优惠活动。

（3）"五一"期间出京的车流量明显增大。

2. 于

介词，引进比较的对象。

（1）在她看来，友情胜过黄金。

（2）这所大学有很多留学生，每年的留学生人数不少于八千人。

（3）根据新规定，春运期间旅客要是想退票，不能晚于开车前六个小时。

练一练 Exercises

1. 照例子，做词语接龙游戏

According to examples, play word by word games

例如：邀请——请假——假期——期末——末尾

（1）留意

（2）推迟

（3）相关

2. 根据课文内容，判断正误（正确的划√，错误的划×）

Decide whether the following statements are true(√) or false(×) according to the text

（1）春运期间铁路局之所以调整退票、改签的规定，是因为春节期间的旅客比平时多得多。

（2）根据新规定，春运期间火车开车前六个小时旅客都可以退票。

（3）春运期间，当日当次有效的车票办理推迟乘车的手续时，推迟乘车的时间可以是四天。

（4）春运期间，人们在试行实名制的火车站也能买到站台票。

（5）在试行实名制的火车站，旅客只要凭火车票就能进火车站候车。

星期三 Wednesday

难度：★★★ 建议时间：3分钟 字数：311

绿丝带

2008年初，我正好在长沙。连日的冰冻，对住在长沙的市民来说，除了停水停电之外，最大的不便就是出行了。公交车部分线路停开，满街都是焦急等待的人……

在雪天里，除了各相关部门，很多普通人也都加入到互相帮助的行列中。长沙人民广播电台就发起了一个“绿丝带互助活动”：凡是愿意免费让人搭乘顺风车的汽车车主，都可以领取一根“绿丝带”系在车上，告诉别人——如果需要帮助，请来搭一段顺风车。

在长沙“绿丝带”发放活动的现场，不少司机听到广播后就直接赶了过来，一些临时停靠的车辆在了解这个情况之后也毫不犹豫地加入“绿丝带”的行列。一根根绿丝带随着行驶的车辆在冰冻的路面上飘扬。小小的一根绿丝带，在这个特别寒冷的冬天让大家的心里都感到了春天一样的温暖。

（改编自商人论坛）

小贴士

长沙作为湖南的省会，又称为“星城”。湘江由南向北贯穿（guànchuān，to run through）长沙的城区，把城市分为河东和河西两个部分。河东以商业经济为主，河西以文化教育为主。

生词 New words

1. 绿丝带		lǜ sīdài	green ribbon
2. 连日	（副）	liánrì	for days on end
3. 冰冻	（动）	bīngdòng	to freeze
4. 焦急	（形）	jiāojí	anxious; worried
5. 行列	（名）	hángliè	ranks
6. 发起	（动）	fāqǐ	to initiate; to sponsor
7. 搭	（动）	dā	to take(a ship, plane, etc.)
8. 飘扬	（动）	piāoyáng	to flutter; to wave

学一学 Grammar

凡……，都……

“凡”表示包括一定范围内的全部，常和“都”一起用。

1. 凡是考试不及格的学生，都不能毕业。
2. 凡是认识他的人，都称赞他。
3. 在中国，凡是满16周岁的公民，都可以申请办理身份证。

练一练 Exercises

给下面的句子排列顺序

Arrange the following sentences in a correct order

1. 听到广播以后，不少司机加入到了“绿丝带”的行列。
2. 于是，长沙人民广播电台发起了“绿丝带互助活动”。
3. 小小的一根绿丝带，在这个特别寒冷的冬天，让大家的心里都感到了春天一样的温暖。
4. 这是要告诉别人：如果需要帮助，请来搭一段免费的顺风车。
5. 由于连日的冰冻，长沙市民的出行非常不便。
6. 想要帮助别人的司机都可以领取一根绿丝带，并且把绿丝带系在车上。
7. 马路上飘扬着无数的绿丝带。

□ → □ → □ → □ → □ → □

星期四 Thursday

难度：★★★★ 建议时间：4分钟 字数：392

冬天要科学热车

冬天，车主常常会在出行前热车，至于如何给爱车热身，可能有些车主还不是很清楚。

一些车主通常是用怠速原地热车，三五分钟以后再上路。这种做法其实是不科学的，耽误了出行的时间不说，尾气排放也污染环境、浪费能源，是不可取的。比较科学的做法是，汽车启动以后，车主立刻检查一下汽车仪表盘上面的各种仪表灯，看各种部件的指示灯是否正常。如果没有问题，车主可以采用低转速缓慢行驶的方法来热车。

有车主提出，长时间不用车，引擎的上半部没有机油，是否要在汽车发动后等待几十秒的时间，将机油运送到引擎最需要润滑的活塞、连杆等部件。其实，将机油送到这些部件不需要这么长的时间。一些机油特别是比较好的机油，都会有黏膜附在相关的部件。汽车启动以后，就算当时没有机油，但是黏膜也会起到润滑保护的作用。同时，冷引擎要达到正常工作的温度，需要六分钟左右的时间。这段时间，不需要原地热车，只要保持低速运转，就不会损害引擎部分。

（改编自《广州日报》）

小贴士

随着中国人民生活水平的提高，买得起私人汽车的人也增加了。但是买了车就要养车，每年每辆私人汽车的养车费要几万元。“买车容易养车难”这句话说明了养车费用之高，很多人因为养车费用太高放弃了买车的计划。

生词 New words

1. 怠速	（名）	dàisù	to tick over (of an engine) to run at low speed with the transmission disengaged
2. 能源	（名）	néngyuán	the sources of energy
3. 仪表盘	（名）	yíbiǎopán	dashboard
4. 指示灯	（名）	zhǐshìdēng	a light with the function of indicating something
5. 转速		zhuàn sù	rotational speed
6. 机油	（名）	jīyóu	engine oil
7. 润滑	（动）	rùnhuá	to lubricate
8. 活塞	（名）	huósāi	piston
9. 连杆	（名）	liángǎn	connecting rod
10. 黏膜	（名）	niánmó	mucous membrane
11. 损害	（动）	sǔnhài	to do harm to

学一学 Grammar

1. 特别是

用来说明同类事物中最突出的部分，“是”表示强调。后面常用名词或动词。

（1）现在的电视节目非常丰富，特别是电视剧，多得看不完！

（2）我不喜欢做饭，特别是包饺子，太麻烦了。

（3）经过一个学期的学习，我们班同学的汉语水平大大提高了，特别是玛丽。

2. 就算……也……

连接两个分句，“就算”表示让步关系，常与“也”搭配。

（1）就算你不去参加会议也没关系。

(2) 就算把鱼放在冰箱里，也不容易让鱼肉保持新鲜。

(3) 就算这个消息是真的，也用不着这么高兴吧。

练一练 Exercises

1. 在下列空格中填入合适的汉字，使得上下左右能组成词或短语

Fill in the blanks with a suitable character to form a word or phrase around

(1)

	场	
器		油
	会	

(2)

	动	
塞		跃
	力	

2. 选词填空

Choose the correct words

(1) 我知道克林顿的女儿结婚了，（　　）他们在哪儿结婚的，我就不知道了。

A 至于　　B 而且　　C 同时

(2) 小王是个足球迷，只要是看足球比赛，（　　）看自己喜欢的球队比赛，他就特别高兴。

A 特别　　B 尤其　　C 特别是

(3) （　　）他来了，这个问题（　　）不能立刻解决。

A 即使……还……

B 就算……也……

C 虽然……但是……

星期五 Friday

难度：★★★★　建议时间：4分钟　字数：402

拼车

被人们戏称为"第四种交通方式"的拼车，在中国大城市开始流行起来。"拼车"现象由来已久，最早兴起于欧美国家，分为两种：一种叫搭有偿"顺风车"，也就是私家车主顺路搭人，搭车的人付给车主一部分油钱；一种是通过拼车顾问牵线的拼的，也就是三五个人合伙租一辆出租车，费用平均分配。

为什么拼车会越来越火呢？根源恐怕就在于拼车有着广泛的需求。"公交太慢，地铁太挤，打的太贵，开车太远，不如邻居一起拼车。"大多数乘客这样认为。

拼车实际上是一种精明消费，花很少的钱享受到了方便快捷：从时间上来说，比坐公交车快了一半儿；从费用上来说，比单人打的省了一半儿。而且拼车还增进了人与人之间的友谊，减轻了市区道路交通的压力，减少了尾气排放引起的空气污染，有利于保护环境。拼车虽然有很多好处，但是人们选择这一出行方式时，需要理性对待，要谨慎选择拼车对象，事先商量好有关细节问题，对不正常情况时刻保持警惕。

（改编自荆楚网）

小贴士

交通问题一直是世界各地城市，特别是大城市的重要问题之一。大城市的交通问题成为非常普遍的城市问题。中国也不例外。目前中国大城市交通的基本现状是：车多路少，车速下降，交通堵塞越来越严重；公共交通发展比较艰难，汽车和摩托车的数量迅速增长，给城市交通的发展带来新的更高的质量要求。

生词 New words

1. 兴起	（动）	xīngqǐ	to spring up; to be on the upgrade
2. 牵线		qiān xiàn	to act as a go-between
3. 分配	（动）	fēnpèi	to assign
4. 火	（形）	huǒ	flourish and be popular
5. 需求	（名）	xūqiú	demand
6. 快捷	（形）	kuàijié	(of speed) quick
7. 增进	（动）	zēngjìn	to enhance; to promote
8. 理性	（名）	lǐxìng	the rational faculty
9. 谨慎	（形）	jǐnshèn	wary
10. 警惕	（动）	jǐngtì	to watch out for

学一学 Grammar

1. 在汉语里，把两个或两个以上意思、结构一样或差不多的词组或者句子放在一起，能加强表达效果。

(1) 公交太慢，地铁太挤，打的太贵，开车太远，不如邻居一起拼车。

(2) 从时间上来说，比坐公交车快了一半儿；从费用上来说，比单人打的省了一半儿。

(3) 拼车增进了人与人之间的友谊，减轻了市区道路交通的压力，减少了尾气排放引起的空气污染，

2. 从……上来说

常用搭配，中间常用名词或名词短语。在这里“上”是“方面”的意思。后面常是一种观点或看法。

(1) 从年纪上来说，奥巴马比比尔·盖茨年轻；从相貌上来说，奥巴马比比尔·盖茨帅。

(2) 从文化上来说，美国文化和加拿大文化大同小异，可是美国文化和中国文化完全不同。

3. ……，也就是……

表示对前文的补充说明。

(1) 这是我表妹，也就是我姑姑的孩子，请您多多照顾。

(2) 大家都知道有两种英语，也就是美国英语和英国英语。

练一练 Exercises

1. 在下列空格中填入合适的汉字，使得上下左右能组成词或短语

Fill in the blanks with a suitable character to form a word or phrase around

(1)

	进	
长	☐	加
	强	

(2)

	惕	
车	☐	告
	察	

2. 根据课文内容，选择正确答案

Choose the correct answer according to the text

(1) 人们把(　　)称为“第四种交通方式”。

A 飞机　　B 拼车　　C 出租汽车

(2) 搭有偿“顺风车”也就是(　　)。

A 私家车主顺路搭人，搭车的人付给车主钱。

B 出租汽车司机顺路搭人，搭车的人付给车主钱。

C 私家车主顺路搭人，但是搭车的人不必付给车主钱。

(3) 下面不是拼车的好处的是(　　)

A 花很少的钱享受到了方便快捷。

B 增进了人与人之间的友谊。

C 可能会碰到不太好的拼车对象。

周末总盘点

词汇盘点 Key words extended

廉价	办理	连日	损害	分配
廉价书	办理签证	连日加班	损害健康	分配时间
廉价品	办理入学手续	连日的降水	严重损害	分配工作
廉价日用品	办理出国手续	连日刮大风	造成损害	分配奖金
廉价劳动力	办理进出口业务	连日来	精神损害	合理分配

玩转周末 Fun weekend

将下面的词语填入合适的方框内

Fill the following words to an appropriate box

文具　飞机　工具　碗　铅笔　汽车　餐具　笔袋　盘子　地铁　交通工具
橡皮　勺子

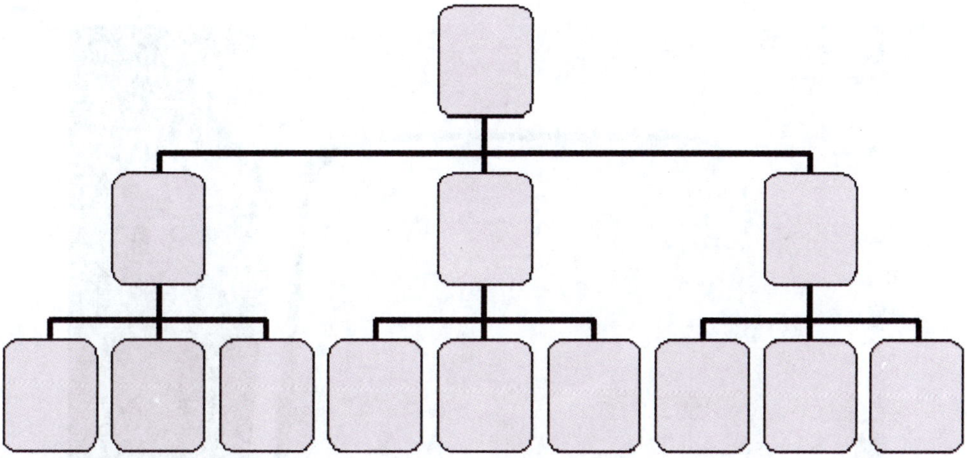

轻松一刻 Easy time

等了你一个晚上

有一次，我的侄子在高速公路上开飞车被警察拦下了。那位警察笑眯眯地对我侄子说："孩子，我今天上午就在这里等着你了。"于是，我的侄子说："我知道。所以我以最快的速度赶到了这里！"

（改编自 www. xiaohuayouwo. com）

Wait for You a Whole Night

Once a time, my nephew was stopped by the police on the highway because of the high driving speed. The policeman was smiling and said to my nephew:" Kids, I am here waiting for you from this morning." Then my nephew said: "I know. So I came here as fast as I can!"

在哪儿见过？Where have you ever seen these pictures?

1. 走在大街上，你会看到：

（1）

出租汽车站 chūzūqìchē zhàn taxi station

（2）

注意行人 zhùyì xíngrén watch for pedestrians

(3)

机动车	jīdòngchē	motor vehicle
穿行	chuānxíng	to walk through

2. 要是你的交通卡没有钱了,除了地铁站以外,你可以在这儿充值:

充值	chōngzhí	to recharge

答案 Key to the exercises

星期一

1. (1) 推广　条件　　(2) 排放　研究
　　符合　设备　　　　进行　系统
　　安装　技术　　　　改造　污染物

2. (1)√　(2)×　(3)√　(4)√

星期二

1. (1) 留意——意思——思想——想法——法律
　(2) 推迟——迟到——到处——处理——理解
　(3) 相关——关系——系统——统一——一定

2. (1)√　(2)√　(3)×　(4)×　(5)×

星期三

5→2→6→4→1→7→3

星期四

1. (1) 机　(2) 活

2. (1) A　(2) C　(3) B

星期五

1. (1) 增　(2) 警

2. (1) B　(2) A　(3) C

玩转周末

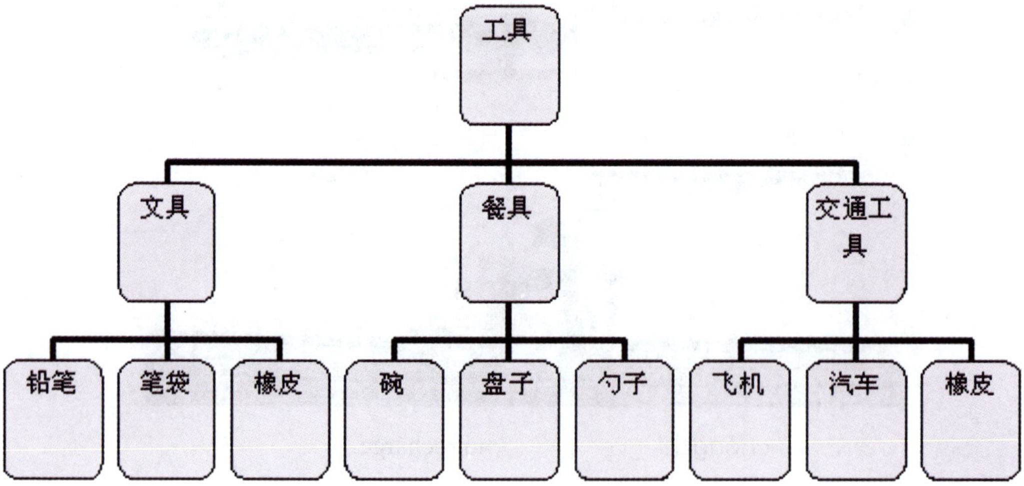

第三周

健身房中的坏习惯

星期一 Monday

难度：★★　建议时间：2.5分钟　字数：295

时尚环保的健身运动

过去，自行车被视为一种交通工具，而如今骑自行车则给现代人提供了一个非常好的健身机会，它的健身效用是其他各种先进的交通工具所不能比的。没有时间限制，也没有速度限制，只要有辆自行车就可以达到锻炼的效果和目的。

如今的时尚就是健康和环保，自行车运动将这两个主题完美地结合在一起。

在风和日丽的周末，当你开车行驶在郊外或是山间，你会发现越来越多的骑行队伍与你擦肩而过，让你不禁摇下车窗，拿起手中的DV对向他们。伴随着他们的，有笑声，有汗水，有友谊，更有世界上最为珍贵的健康。你难道不想扔掉汽车钥匙，加入他们中间吗？

如果这样健康、环保的生活方式越来越多，我们的生活环境就会越来越美，我们的体质也会越来越强。

（改编自《京华时报》）

小贴士

现在越来越多的人喜欢自己选择交通工具，自己驾驶进行旅游活动，这样的行为就叫自驾游。自驾车旅游的兴起为旅行社提供了新商机，旅行社组织的自驾车出游也是自驾游的一种。但是大多数旅行社只能为自驾车旅游者提供订房、订餐以及汽车维修等基本服务，而不能提供车辆让游客自己驾驶。

生词 New words

1. 效用 （名） xiàoyòng effectiveness
2. 先进 （形） xiānjìn advanced
3. 主题 （名） zhǔtí subject; topic
4. 风和日丽 fēng hé rì lì warm and sunny weather
5. 擦肩而过 cā jiān ér guò to pass somebody at shoulder-rubbing distance; to be very close but not quite there
6. 不禁 （动） bùjīn can not help doing something
7. 珍贵 （形） zhēnguì precious

学一学 Grammar

1. 擦肩而过

本来的意思是双方肩挨着肩相向(xiāngxiàng, in opposite directions)通过。后来多指两者虽然靠得很近，但最后并没有碰上。

(1) 这次跟死神擦肩而过，真的是很幸运。
(2) 每天在大街上都会跟无数人擦肩而过，可是我连一个人的脸都记不住。
(3) 微小的差距使小王跟世界冠军擦肩而过。

2. 难道……(吗)？

用在反问句(fǎnwènjù, rhetorical question)里，加强反问语气。

(1) 你不再给我打电话了，难道你不喜欢我了吗？
(2) 连 LadyGaGa 都不知道，难道你不是美国人吗？
(3) 别人都能做到，难道我们就做不到吗？

练一练 Exercises

1. 在下列空格中填入合适的汉字，使得上下左右能组成词或短语

Fill in the blanks with a suitable character to form a word or phrase around

(1)

	温		美
		日	
筝			

(2)

摩			
		而	
	膀		去

2. 选词填空

Choose the correct words

(1) 其他各种先进的交通工具的健身（效用/效率）比不上自行车。
(2) 自行车运动将健康和环保这两个（话题/主题）完美地结合在一起。

(3) 在(风和日丽/风合日丽)的周末，当你开车行驶在郊外，你会发现越来越多的骑行队伍与你擦肩而过。

(4) 伴随着他们的，有笑声、有汗水、有友谊，更有世界上最为(昂贵/珍贵)的健康。

星期二 Tuesday 难度：★★★ 建议时间：3分钟 字数：306

世界上最好的运动

什么运动最好？步行是世界上最好的运动。它绝对不是高尔夫球、保龄球、游泳等可以相比的。人的身体结构非常适合步行。

怎么步行最好呢？三个字：三、五、七。“三”就是最好一次步行三公里三十分钟以上。“五”就是一个星期最少运动五次。“七”就是运动要适量，过分运动对身体是有害的。那什么叫适量呢？就是运动到你的年龄加心跳等于170。比如说，我是50岁的话，运动到心跳120，加起来就是170。这样的运动是有氧代谢。那么如果身体好呢？可以运动多一些，身体差可以少运动一些，步行运动量力而行。最近有个试验，将十个老年人分成两组，一组每天平均走4.2公里；另一组基本上不走路。结果发现走4.2公里这组老年人的得病率比不走路的那组下降60%。

(改编自百度博客)

小贴士

“高尔夫”的意思是“在绿地和新鲜氧气中的美好生活”。高尔夫球是一种在优美环境中进行的高尚娱乐活动。它起源于15世纪的苏格兰。当时的牧羊人常常用赶羊的棍子玩一种击石子的游戏，后来这种游戏就变成了高尔夫球。高尔夫球场一般设在风景优美的草坪上，中间需要有一些天然的或者人工设置的障碍，如高地、沙地、树木、水坑等。

生词 New words

1. 高尔夫球	（名）	gāo'ěrfūqiú	golf
2. 保龄球	（名）	bǎolíngqiú	bowling
3. 结构	（名）	jiégòu	structure
4. 过分	（副）	guòfèn	overly
5. 心跳	（名）	xīntiào	heartbeat
6. 有氧代谢		yǒu yǎng dài xiè	aerobic metabolism
7. 量力而行		liàng lì ér xíng	to do what one is capable of
8. 试验	（名）	shìyàn	experiment

学一学 Grammar

1. 量力而行

表示根据自己力量或能力的大小去做相应的事情。

（1）居住在五六层以上的中老年人，爬楼梯要量力而行，尽量避免一口气爬到最高层。

（2）在加速发展经济的同时，也要量力而行，避免造成损失，特别是重大的损失。

（3）做任何事情都要量力而行，正确认识自己，要根据自己的特点来发展自己。

2. 将/把 …… 分成……

常用搭配，注意介词用的是"将"或者"把"。

（1）长江将中国分成南北两个部分。

（2）月亮门把这个院落分成了里院和外院。

（3）你最好把这样的大任务分成几个小任务，然后逐个完成。

练一练 Exercises

1. 在下列空格中填入合适的汉字，使得上下左右能组成词或短语

Fill in the blanks with a suitable character to form a word or phrase around

（1）

具		现	
	氧		
			谢

（2）

质		因	
	力		
			为

2. 根据课文内容，选择正确答案

Choose the correct answer according to the text

(1) 作者认为世界上最好的运动是：(　　)

A 高尔夫球　　B 保龄球　　C 游泳　　D 步行

(2) "三"的意思是：(　　)

A 最好每周步行三公里三十分钟以上

B 最好每次步行三公里三十分钟以上

C 最好每周步行三天以上

D 最好每周步行三小时以上

(3) 如果一个人28岁的话，运动到心跳(　　)，就可以算是运动适量。

A 170　　B 148　　C 120　　D 102

星期三 Wednesday

难度：★★★　建议时间：3.5分钟　字数：358

健身房中的坏习惯

单纯地去健身房并不能保证得到很好的锻炼。私人教练每天都能看到一些不好的锻炼习惯：

1. 边看书边锻炼。如果你集中精神在看一本时尚杂志，那也就意味着你没法同时关注你正在进行的运动。锻炼的时候，你就得集中精神关注你的身体。如果你实在需要同时做点别的，好让锻炼不那么枯燥，不如戴上耳机看电视，这不像阅读那么需要集中注意力。

2. 运动到大汗淋漓。这样可能让人感觉得到了更充分的锻炼，但其实这只是让你失去了几磅水。除了不利于健康以外，什么效果也达不到。

3. 饿着肚子去运动。这无异于开着一辆没有油的坦克。你的身体需要能量来保证运转。一些健康的小食，如燕麦粥或香蕉，在开车去健身房的路上就能消化掉，并提供你运动时所需的额外能量，尤其是上午运动时更要注意。因为经过一夜，你的胃已经空了，热量已经消耗完了，需要给它加些"燃料"，让它重新"启动"。

（改编自第二生活网）

小贴士

健身房是城市里用来健身的场所。在健身房不仅能锻炼肌肉，让身材更有型，而且也能认识很多新朋友。晚上六点到八点这个时段是健身房人流最多的时候。这个时候去实地考察，能够比较直观地了解健身房的人流量、通气情况、场地整洁程度、空间是否充足等。

生词 New words

1. 私人	（形）	sīrén	private; personal
2. 注意力	（名）	zhùyìlì	attention
3. 磅	（量）	bàng	pound
4. 能量	（名）	néngliàng	energy
5. 运转	（动）	yùnzhuǎn	to operate; to work
6. 燕麦粥	（名）	yànmàizhōu	oatmeal
7. 消化	（动）	xiāohuà	to digest

学一学 Grammar

消耗—消费

“消耗”是因为使用或者受损而逐渐减少，多用于精神、力量等的消费。

“消费”主要是指花钱来满足生活的需要，一般不能直接带宾语。

（1）多吃海产品能补充大脑消耗，使人变聪明。

（2）拳击比赛要消耗运动员大量热量和能量。

（3）对新员工的培训需要花费大量的时间、消耗大量的资源。

（4）商家们通过各种促销手段来吸引消费者。

（5）文化消费在城市居民生活中所占的比重逐渐提高。

（6）王刚每个月工资的绝大部分都花在日常消费品上。

练一练 Exercises

1. 在下列空格中填入合适的汉字，使得上下左右能组成词或短语

Fill in the blanks with a suitable character to form a word or phrase around

（1）
够
干 ___ 量
力

（2）
耗
费 ___ 化
息

2. 选词填空

Choose the correct words

(1) 健身房的(自己/私人)教练每天都能看到一些不好的锻炼习惯。

(2) 为了让锻炼不那么枯燥,你可以(带/戴)上耳机看电视,这不像阅读那么需要集中注意力。

(3) 一些健康的小食,如燕麦粥或香蕉,在开车去健身房的路上就能(消化/消失)掉。

(4) 经过一夜,你的胃已经空了,热量已经(消费/消耗)完了,需要补充新的能量。

星期四 Thursday

难度:★★★ 建议时间:3.5分钟 字数:372

麦蒂应该回来

上个赛季,麦蒂由于频繁受伤休战引起了太多火箭球迷的不满,可就算他再让球迷伤心,当恢复健康的时候他仍是联盟中最出色的锋卫摇摆人之一。

没有姚明没有麦蒂,火箭队中能称得上球星的人一个也没有。斯科拉对火箭目前的新战术极不适应,阿里扎和布鲁克斯充其量只能算是潜力球员。任何一支没有球星的团队都是很难走远的。现在2009—2010赛季才刚刚开始,目前火箭队还算不错的成绩并不足以说明问题,等到11月中下旬火箭将面对湖人这样的超一流强队,到时候火箭球迷才会意识到一个强大的领袖对于一支球队来说有多么重要的意义。

其实说到底,麦蒂的健康归来对于火箭队还是利大于弊的,即使到时候布鲁克斯和阿里扎都已经逐渐成熟,跻身联盟一流年轻球员的行列,技术全面的麦蒂也不难和他们形成默契配合,到时候火箭队只会因为麦蒂的归来变得更加强大,毕竟打出好成绩、进入季后赛,这才是火箭球迷最应该关心的事情。

(改编自网易体育)

小贴士

锋卫摇摆人一般说的是在篮球场上那些拥有3、4号位的身体条件,却拥有1、2号位技术水平的球员。这些人无论是在进攻、防守还是团队组织方面都有着重要的作用。现在的NBA球员中有很多锋卫摇摆人,比如麦蒂、普林斯顿(Pŭlínsīdùn, Prince)、詹姆斯(Zhānmŭsī, James)等等。

生词 New words

1. 休战	(名)	xiūzhàn	truce
2. 恢复	(动)	huīfù	to recover
3. 联盟	(名)	liánméng	federation
4. 充其量		chōngqíliàng	at best; at most
5. 潜力	(名)	qiánlì	potentiality
6. 意识	(动)	yìshi	to recognize the worth of something
7. 领袖	(名)	lǐngxiù	leader
8. 说到底		shuō dàodǐ	in the final analysis
9. 跻身	(动)	jīshēn	to ascend
10. 默契	(名)	mòqì	unvoiced pact

专有名词 Proper names

1. 特雷西·麦克格雷蒂	Tèléixī Màikègéléidì	Tracy McGrady
2. 路易斯·斯科拉	Lùyìsī Sīkēlā	Luis Scola
3. 特雷沃·阿里扎	Tèléiwò Ālǐzhā	Trevor Ariza
4. 阿隆·布鲁克斯	Ālóng Bùlǔkèsī	Aaron Brooks

学一学 Grammar

1. 充其量

表示做最充分的估计或者评价。

(1) 这个学校的规模比较小,师生充其量也不到一千人。

(2) 这点食物充其量只够维持三天。

(3) 他们所做的,充其量只是给顾客想要的。

2. 说到底

表示说到根本上。

(1) 有些人老是抱怨父母干涉自己的私事,其实说到底,父母还是为了孩子好。

(2) 片面性的产生,说到底,是人的主观认识脱离客观实际的缘故。

(3) "啃老族"的出现,说到底,家庭和社会都应该负点儿责任。

练一练 Exercises

1. 在下列空格中填入合适的汉字，使得上下左右能组成词或短语

Fill in the blanks with a suitable character to form a word or phrase around

（1）　系
　　谊 ___ 合
　　盟

（2）　识
　　见 ___ 思
　　义

2. 根据课文内容，判断正误（正确的划√，错误的划×）

Decide whether the following statements are true(√) or false(×) according to the text

（1）上个赛季，由于麦蒂频繁受伤休战，很多火箭球迷对他不满。

（2）无论什么时候，麦蒂都是联盟中最出色的锋卫摇摆人。

（3）任何一支球队即使没有明星球员，只要队员之间配合默契，也能走很远。

（4）目前火箭队球迷还没有意识到一个强大的领袖对于一支球队的重要意义。

（5）麦蒂的健康归来会让火箭队变得更加强大。

星期五 Friday

难度：★★★★　建议时间：4分钟　字数：406

北京马拉松24日开跑

什么是世界上最古老的比赛项目？答案是马拉松，至今已有2500年的历史了。1981年，中国举办了第一届北京马拉松赛，今年已是第30届，按中国人的说法，已入而立之年。

10月12日，第30届北京马拉松组委会在北京举行新闻发布会。国家体育总局田管中心副主任王大卫介绍说，比赛将于10月24日上午8点在天安门广场起跑，终点设在奥林匹克体育中心田径场。共有来自48个国家的3万名选手，参加全程、半程、10公里和迷你马拉松四个项目的比赛，其中有8500名选手参加全程比赛。由于北京马拉松同时也是全国锦标赛，所以国内高手也将悉数参赛。

从本届比赛开始，"北京国际马拉松"比赛正式更名为"北京马拉松"。在回答记者有关运动员的比赛安全问题时，王大卫回答说，今年的比赛采取了多项措施来最大限度保证运动员的安全，除在赛前的手册中强调自我防范、做好准备活动和提高风险意识外，比赛中每隔100米都有经过培训、有资质的救护志愿者，每10公里处有专门的医疗站、常设的救护车以及保险合同。

（改编自《中国体育报》）

小贴士

2004年雅典(Yǎdiǎn, Athens)奥运会让世界认识了中国"飞人"刘翔。刘翔以12秒91的成绩获得2004年雅典奥运会男子110米栏决赛冠军,平了由英国选手科林·杰克逊(Kēlín Jiékèxùn, Colin Jackson)1993年创造的世界纪录,打破了12秒95的奥运会纪录。刘翔的这枚金牌是中国男选手在奥运会上获得的第一枚田径金牌。

生词 New words

1. 马拉松	(名)	Mǎlāsōng	marathon
2. 而立之年		ér lì zhī nián	thirties
3. 田径场	(名)	tiánjìngchǎng	athletic field
4. 锦标赛	(名)	jǐnbiāosài	a tournament
5. 悉数	(动)	xīshù	all; the entire sum
6. 措施	(名)	cuòshī	measure
7. 限度	(名)	xiàndù	limitation
8. 自我防范		zìwǒ fángfàn	self-protection
9. 风险	(名)	fēngxiǎn	risk; hazard
10. 资质	(名)	zīzhì	qualification

专有名词 Proper names

1. 国家体育总局 Guójiā Tǐyù Zǒngjú
   General Administration of Sport of China
2. 奥林匹克体育中心 Àolínpǐkè Tǐyù Zhōngxīn
   Olympic Sports Center

学一学 Grammar

1. 按 — 按照

做介词的时候,"按"和"按照"意思差不多一样,但是"按"的宾语可以是单音节名词、多音节名词或者词组;"按照"的宾语只能是多音节名词或者词组。

1. 按理说,兔子当然跑得比乌龟快。
2. 按这种速度,就是干两个月也干不完。
3. 按照国家的规定,中秋节只放一天假。

4. 小张工作的时候从来不讲私人感情，严格按照规章制度办事。

练一练 Exercises

1. 连线组成短语

Match and form a phrase

(1) 举办	比赛	(2) 采取	意识
参加	问题	保证	措施
回答	马拉松赛	提高	安全

2. 选择合适的词替换画线部分

Select correct a word with the underlined words

(1) 马拉松是世界上最古老的比赛项目，到现在（如今/至今）已经有2500年的历史了。

(2) 由于北京马拉松同时也是全国锦标赛，所以国内高手也将全部（熟悉/悉数）参赛。

(3) 从本届比赛开始，“北京国际马拉松”比赛正式把名字改为（更名为/更正为）“北京马拉松”。

(4) 马拉松比赛的时候，每隔100米就会有经过培训、能胜任救护工作（有资质/有素质）的志愿者。

周末总盘点

词汇盘点 Key words extended

珍贵	试验	消化	恢复	措施
珍贵的礼物 珍贵的文物 珍贵的药材 珍贵的纪念品	反复试验 多次试验 做试验 进行试验	容易消化 帮助消化 消化不良 消化能力	恢复正常 恢复秩序 恢复得不错 得到恢复	多项措施 安全措施 解决措施 采取措施

玩转周末 Fun weekend

将下面的词语填入合适的方框内

Fill the following words to an appropriate box

人 看 吃 打 眼睛 闭 洗 见 手 吐 睁 说 摸 嘴 喝 拿

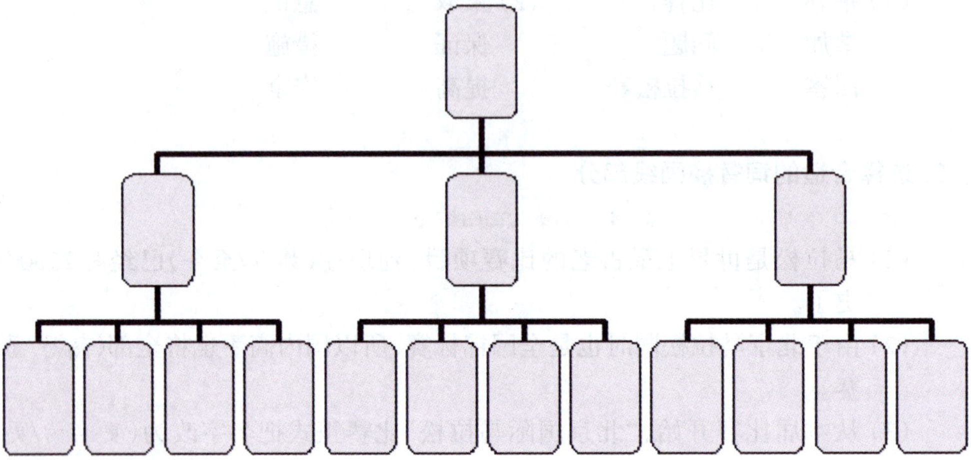

轻松一刻 Easy time

打水球

有个运动员去吃饭，看见饭桌上摆着一大盆汤，里面只有一根豆角，其他什么也没有。他马上站起来脱衣服。朋友问他怎么回事，他说："我要脱了衣服，跳进盆里去和那跟豆角一起打水球。"

（改编自 xiaohua.zol.com.cn）

To play water polo

One sportsman went to dinner, seeing a big soup was on the table. There was nothing except one bean in the soup. He immediately stood up to undress. His friend was wondering why he did this, and he said: "I want to undress and jump into the bowl, and play water polo with the bean."

在哪儿见过? Where have you ever seen these pictures?

1. 下图是2010年中国广州亚运会的吉祥物，五只可爱、时尚的小羊，分别叫做“阿祥”、“阿和”、“阿如”、“阿意”、“乐羊羊”，组成“祥和如意乐洋洋”：

祥和	xiánghé	auspicious and harmonious
如意	rúyì	be satisfied
乐洋洋	lèyángyáng	be happy
吉祥物	jíxiángwù	mascot

2. 北京工人体育馆建成于1961年，是为举办第26届世界乒乓球锦标赛而建造的：

北京工人体育馆	Běijīng Gōngrén Tǐyùguǎn	Beijing Workers Stadium
锦标赛	jǐnbiāosài	championship

3. 公园不再是人们健身的唯一场所，现在的年轻人也喜欢去健身房健身了，青鸟健身是目前中国最大、最高档的健身中心之一：

（1）

青鸟健身	Qīngniǎo Jiànshēn	Nirvana Fitness

（2）

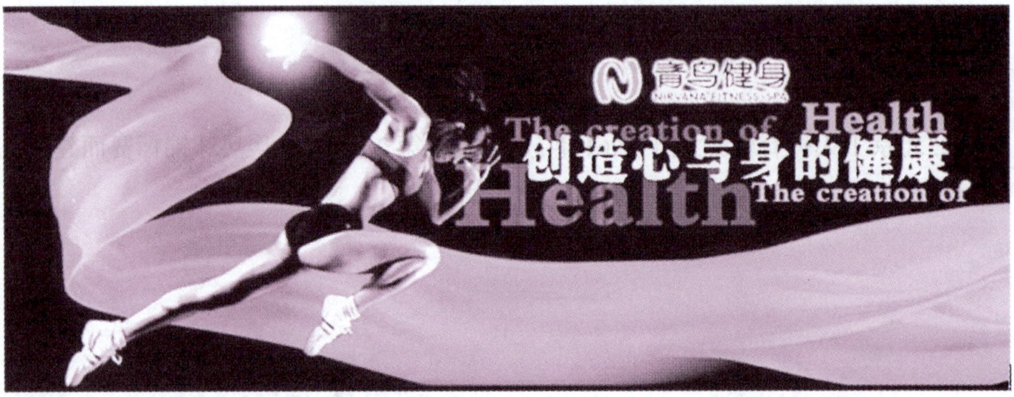

创造心与身的健康	chuàngzào xīn yǔ shēn de jiànkāng to create a healthy mind and body

(3)

数量有限，先到先得	Shùliàng yǒuxiàn, xiān dào xiān dé Limited, first come first served.	

答案 Key to the exercises

星期一

1.

	温		美
风	和	日	丽
筝		子	

摩		然	
擦	肩	而	过
	膀		去

2.（1）效用　（2）主题　（3）风和日丽　（4）珍贵

星期二

1.

具		现	
有	氧	代	谢
	气		谢

质		因	
量	力	而	行
	量		为

2.（1）D　（2）B　（3）B

星期三

（1）能　（2）消

（1）私人　（2）戴　（3）消化　（4）消耗

星期四

1.（1）联　（2）意

2.（1）√　（2）×　（3）×　（4）√　（5）√

星期五

1.（1）举办　　比赛　　（2）采取　　意识
　　　参加　　问题　　　　保证　　措施
　　　回答　　马拉松赛　　提高　　安全

玩转周末

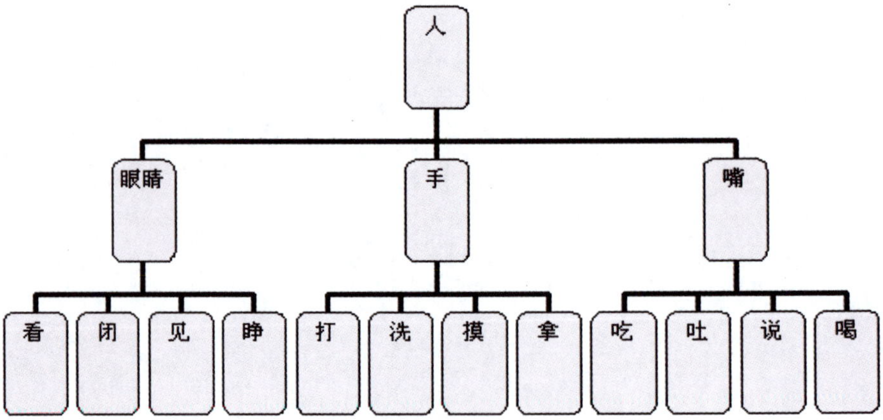

第四周

压岁钱的来历

星期一 Monday

难度：★★ 建议时间：2.5分钟 字数：321

逛庙会

正月初六那天，我和妈妈一起去地坛逛庙会。还没到门口，远远望去，只见许多大红灯笼高高地挂在树上、墙上，真漂亮呀！远处的锣鼓声震耳欲聋，走近一看，原来是秧歌队在扭秧歌。那些爷爷、奶奶们表演得可精彩了，逗得观众前仰后合，哄堂大笑。

走进门口，那场面更是让我目不暇接，兴奋不止。有踩高跷的，有舞狮子的，有抖空竹的，有演杂技的，有变魔术的，有猜谜语的……看都看不过来。庙会里有许多有名的小吃：驴打滚、糖葫芦、茶汤、豆腐脑、新疆羊肉串、天津包子……吃都吃不过来。庙会里还有许多卖东西的，有卖风车的、有卖剪纸工艺品的，还有卖木偶道具的。

今年是我第一次逛庙会，真是太热闹，太迷人了。我很佩服中国的艺人，惊叹中国的传统艺术。明年我还要带上哥哥和爸爸一起来逛庙会。

（改编自E度中考网）

小贴士

上图分别是踩高跷和抖空竹表演。庙会一般在公园和广场等开阔的地方举行，主要是进行文化、贸易和娱乐活动。逛庙会是人们春节期间一项必不可少的民俗活动。北京有名的庙会有地坛庙会、龙潭湖庙会。

生词 New words

1. 庙会	(名)	miàohuì	a temple fair
2. 震耳欲聋		zhèn ěr yù lóng	deafening; ear-splitting; stunning
3. 前仰后合		qián yǎng hòu hé	to rock with laughter
4. 目不暇接		mù bù xiá jiē	there are too many things for the eye to take in
5. 高跷	(名)	gāoqiāo	stilts (to walk on)
6. 空竹	(名)	kōngzhú	diabolo; the devil on two sticks

学一学 Grammar

原来

(1) 副词"原来"表示发现了以前不知道的情况,含有突然明白的意思。

① 我说今天上课怎么没有见到你,原来你逃课了。

② 怪不得你的法语这么好,原来你的爸爸是法国人。

③ 怪不得你家里这么热闹,原来你们在聚会啊。

(2) "原来"还可以指以前的某一时期,含有现在已经不是这样的意思。

① 我原来是个很优秀的律师。

② 这些衣服原来都很合身,现在长胖了就穿不上了。

③ 原来这个小区的环境很不好。

练一练 Exercises

1. 连线组成短语

Match and form a phrase

(1) 踩	狮子	(2) 变	杂技
抖	庙会	猜	秧歌
舞	高跷	演	谜语
逛	空竹	扭	魔术

2. 根据下列解释,在课文中找出相应的表达词语

Find out the appropriate words from the text according to the following explanation

(1) 东西太多,眼睛看不过来。(　　　)

(2) 身体前后晃动,形容大笑而直不起腰的样子。(　　　)

(3) 很多人同时大笑。(　　　)

(4) 形容声音很大,耳朵都快震聋了。(　　　)

星期二 Tuesday

难度：★★★ 建议时间：3分钟 字数：380

世界各地的老人节

农历九月九日是我国的传统节日——重阳节。在这一天，有登上高山、欣赏菊花、喝菊花酒、吃花糕的风俗。现在重阳节也称为“老人节”、“敬老节”，是尊老、敬老、爱老、助老的节日。每到这一天，各地都要组织老年人登山秋游，开阔视野，交流感情，锻炼身体。

其实，敬老、爱老的传统并不是中国独有，世界上很多国家都有其独具特色的“老人节”。

加拿大的“老人节”又叫“笑节”。在每年6月21日，书店里摆出各种幽默书刊，供老人选购。此外，喜剧明星在养老院举行义演，电视台专门推出为老人助笑的节目。

美国不仅有父亲节、母亲节，还有“祖父祖母节”，每年9月劳动节后的第一个星期天，就是美国的“祖父祖母节”，这天全美各地都要举办敬老活动，实际上也就是美国的“老人节”。

日本的“老人节”又称“敬老日”，从2002年起改为每年9月的第三个星期一。老人们这天穿上节日盛装，接受儿孙及亲友的祝贺，并参加各种节日活动。

（改编自中国网）

小贴士

伊朗（Yīlǎng, Iran）的老人节是1月7日，是新的一年中最早的节日。

新加坡（Xīnjiāpō, Singapore）的老人节是2月2日。

英国的老人节是3月5日，埃及（Āijí, Egypt）则是3月的最后一个星期日。

印度（Yìndù, India）的老人节是4月7日。

泰国（Tàiguó, Thailand）的老人节是5月5日；朝鲜（Cháoxiǎn, North Korea）是5月6日；韩国（Hánguó, South Korean）则是5月8日；越南（Yuènán Vietnam）的老人节是8月8日；智利（Zhìlì, Chile）的老人节是10月15日；法国则是10月的最后一个星期日；比利时（Bǐlìshí,

Belgium）的老人节最长，从11月9日到16日，一共8天；匈牙利（Xiōngyálì, Hungary）是11月11日；俄罗斯（Éluósī, Russia）的老人节排在最后，是12月7日。

生词 New words

1. 菊花 （名） júhuā [Botany] a chrysanthemum
2. 开阔 （动） kāikuò to widen
3. 义演 （名） yìyǎn a benefit performance

专有名词 Proper names

重阳节 Chóngyáng Jié Chong Yang Festival; Double Ninth Festival

学一学 Grammar

1. 供……选购

常用搭配，提供商品给消费者购买。

（1）超市里有很多种类的副食品可供消费者选购。

（2）书店里有大量平装书供读者选购。

（3）这款丝巾有好几种颜色供爱美的女士选购。

练一练 Exercises

1. 根据课文内容，完成表格

Complete the form according to the text

国　家	老人节的日期	如何庆祝
中　国		
加拿大		
美　国		
日　本		

2. 选词填空

Choose the correct words

举办　开阔　独具特色　举行　推出

(1) 我们每年_______ 一次大学校友联欢会。

(2) 水煮鱼是我们店这周_______ 的特价菜。

(3) 人们经常说旅游_______ 视野。

(4) 云南是中国_______ 的旅游胜地。

(5) 为_______ 2008 年奥运会，北京计划新建和改造一批符合奥运会标准的体育场馆。

星期三 Wednesday

难度：★★★　建议时间：3分钟　字数：341

压岁钱的来历

每当春节来临，长辈都会给孩子们一些“压岁钱”，表示呵护和疼爱。关于压岁钱，有一个流传很广的故事。古时候，有一种妖怪叫“祟”，大年三十晚上出来用手去摸熟睡着的孩子的头，孩子往往吓得哭起来，接着就头疼发热，变成傻子。因此，家家都在这一天开着灯不睡，叫做“守祟”。

有一家夫妻俩老年得子，视为心肝宝贝。到了年三十夜晚，他们怕“祟”来害孩子，就拿出八枚铜钱给孩子玩儿。孩子玩儿累了睡着了，他们就把八枚铜钱用红纸包着放在孩子的枕头下边，夫妻俩不敢睡觉。半夜里一阵风吹开房门，吹灭了灯，“祟”刚伸手去摸孩子的头，枕头边就发出道道闪光，吓得“祟”逃跑了。第二天，夫妻俩把用红纸包八枚铜钱吓跑“祟”的事告诉了大家，以后大家也学着做，孩子就平安无事了。因为“祟”与“岁”同音，之后逐渐演变为“压岁钱”。

（改编自《大连晚报》）

小贴士

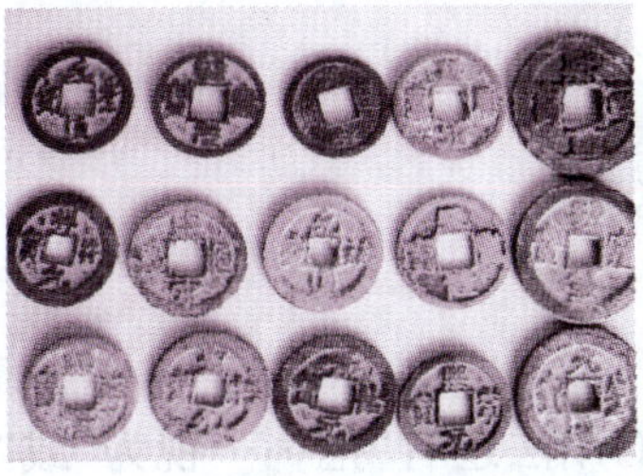

左图是铜钱，它是中国古代的钱，因为古代人们认为天是圆的，地是方的，而且铜钱携带方便，所以制成圆形。

生词 New words

1. 压岁钱	（名）	yāsuìqián	money given to children as a lunar New Year gift
2. 祟	（名）	suì	evil
3. 心肝	（名）	xīngān	darling; honey; sweetheart
4. 铜	（名）	tóng	copper
5. 道	（量）	dào	a quantifier applying to something much longer than wide

学一学 Grammar

1. 关于

“关于”表示关联、涉及的事物。

（1）关于+名

① 关于中国功夫，他了解得很多。

② 关于这个问题，你能给我一些建议吗？

（2）关于+动／小句

① 关于保护环境，北京政府很重视。

② 关于学校增加招生名额，你们准备采取什么措施？

（3）“关于……的”+名

① 他喜欢读一些关于哲学的书。

② 关于中国的节日你了解多少？

2. 往往 — 常常

“往往”，表示在某种条件下经常发生的规律性情况。

“常常”，表示行为、动作发生的次数多，而且时间间隔不久。

	~去酒吧	~锻炼身体	有空儿~来我家玩吧。	~看电影
常常	√	√	√	√
往往	×	×	×	×

（1）交通事故往往是由于驾驶员不小心造成的。

（2）大城市的生活节奏往往是很快的。

（3）这个公园离我们家很近，以后可以常常来。

3. 视为

“视为”和“把……当做”意思一样。“视为”的用法还有“把……视为”或“被视为”。

（1）作为那些公司的拥有者，她被视为财富的象征。

(2) 他们把儿子视为心肝宝贝,十分溺爱。

(3) 埃及人把猫视为神圣的动物,杀死一只猫被视为犯罪。

练一练 Exercises

1. 根据文章解释以下名词

Explain the following terms according to the text

(1) 压岁钱

(2) 祟

2. 根据课文内容,判断正误(正确的划√,错误的划×)

Decide whether the following statements are true(√) or false(×) according to the text

(1) 这篇文章讲的是一个妖怪吃小孩的故事。

(2) 那个妖怪一般大年三十晚上出去害小孩。

(3) 据说孩子如果被妖怪吓着就会变成傻子。

(4) 大年三十晚上开着灯不睡是因为想一起玩儿。

(5) 那对夫妻很老的时候才有孩子。

(6) 他们拿出八枚铜钱给孩子玩儿是因为他们知道妖怪害怕铜钱。

星期四 Thursday

难度:★★★ 建议时间:4分钟 字数:341

你知道结婚戒指为什么要戴在无名指上吗?

1. 首先大家伸出两手,把中指向下弯曲,对靠在一起,就是中指的背跟背靠在一起。

2. 然后把其他的4个手指分别指尖对碰。

3. 在游戏开始之前,请确保以下过程中5个手指只允许一对手指分开。

4. 下面开始,请张开你们那对大拇指,大拇指代表我们的父母,能够张开,表示每个人都会有生老病死,父母有一天也会离我们而去。

5. 请大家合上大拇指,再张开食指,食指代表兄弟姐妹,他们也都会有自己的家庭,也会离开我们。

6. 请大家合上食指,再张开小拇指,小拇指代表子女,子女长大后,迟早有一天会有自己的家庭生活,就像我们会离开父母一样,他们依然会离开我们。

7. 那么，请大家合上小拇指，再试着张开无名指。这个时候，大家会惊奇地发现无名指怎么也张不开，因为无名指代表夫妻，是一辈子不分离的。真正的爱是永远分不开的。

（改编自文学博客网）

小贴士

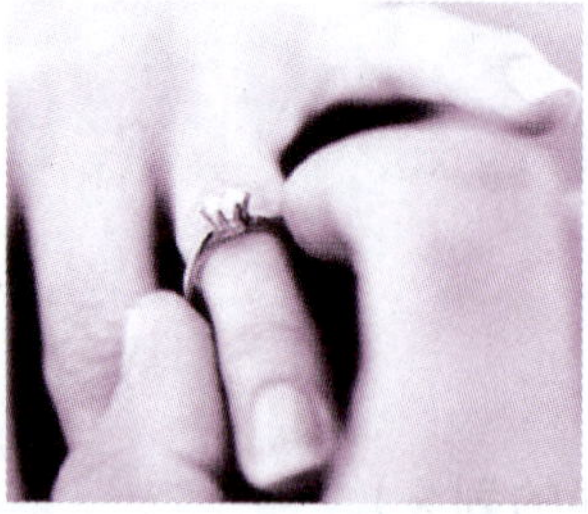

现代中国著名的婚戒品牌有金伯利、老凤祥、谢瑞麟、周大福、周生生等，这些品牌深受中国年轻人的喜欢。

生词 New words

1. 弯曲	（形）	wānqū	to flex (a finger, etc.)
2. 确保	（动）	quèbǎo	to ensure; to assure
3. 对	（量）	duì	a pair
4. 张开	（动）	zhāngkāi	to stretch; to open
5. 大拇指	（名）	dàmǔzhǐ	a thumb
6. 生老病死		shēng lǎo bìng sǐ	birth and old age, sickness and death
7. 食指	（名）	shízhǐ	a forefinger
8. 迟早	（副）	chízǎo	sooner or later
9. 无名指	（名）	wúmíngzhǐ	a ring finger

学一学 Grammar

1. 依然

表示像以前一样。

（1）十几年没见了，你依然那么漂亮。

（2）他开学第一天就迟到了，第二天、第三天依然如此。

（3）虽然感冒很严重，可她依然按时来上课。

2. 那么

“那么”表示顺着上文的意思，引出应有的结果或做出判断。

（1）他既然不来了，那么我也走了。

（2）这样做既然不行，那么你打算怎么办呢？

（3）如果你认为是对的，那么你就坚持到底。

练一练 Exercises

1. 根据课文内容完成表格

Complete the form according to the text

手 指	代 表	能否张开	原 因	
大拇指				
食 指				
小拇指				
无名指				

2. 从下列每一行中找出两个相同的字

Find out two identical characters in each item

(1) 生病　疼痛　木桶　花生　本分 ______
(2) 迟早　昼夜　古代　邂逅　早晨 ______
(3) 张开　井底　松弛　抵押　底气 ______
(4) 弯曲　由于　甲方　千万　歌曲 ______
(5) 老者　考试　孝子　考场　香肠 ______
(6) 代表　砍伐　戈壁　竹筏　代课 ______

星期五 Friday

难度：★★★★　建议时间：5分钟　字数：396

我家的年夜饭

在母亲眼里，春节是一年之中最重要的节日，每年除夕的年夜饭更是重中之重。母亲眼中的年夜饭是团圆饭，预示着新一年的开始，所以它已经不只是一顿简单的晚餐。

母亲做年夜饭有讲究，菜的数量必须是双数，有冷有热，有荤有素，各自成双，预示好事成双。每年年夜饭母亲都会做几个她的拿手好菜，像黄焖鸡、清蒸鱼什么的。母亲认为有了这些菜预示着来年生活富裕，衣食无忧。

在母亲的指挥下，晚上七点整，我们的新年晚餐正式开始。我们边吃边看春节联欢晚会，电视里搞笑的小品、优美的舞蹈常常逗得我们哈哈大笑，这笑声伴随着窗外的鞭炮声，显得气氛更加欢乐。

午夜十二点，年夜饭的压轴戏——饺子，正式登场。在饺子里包一枚硬币是我们家乡的习俗。吃到包着硬币的饺子的人，在新的一年中会万事顺利,心想事成。饺子里的硬币多是被母亲吃到,每到这时候母亲会嘟哝着:"怎么会是我?"若是我们吃到,母亲准会笑眯眯地说:"呀!明年准有好事等着你。"

(改编自商丘报业网)

小贴士

年夜饭、压岁钱,这些传承了千百年的习俗,至今都是中国人春节文化的重要内容。除了在家吃年夜饭外,最近几年也很流行在饭店吃年夜饭。

生词 New words

1. 预示	(动)	yùshì	to show in advance; prefigure
2. 荤	(名)	hūn	a meat diet; a meat dish
3. 拿手	(形)	náshǒu	be good at
4. 指挥	(动)	zhǐhuī	to direct; to command; to give orders to
5. 气氛	(名)	qìfēn	an atmosphere
6. 压轴戏		yāzhòuxì	grand final; last but best item on a theatrical program
7. 嘟哝	(动)	dūnong	to mutter to oneself; to mumble

学一学 Grammar

1. 在……眼里

常用搭配,"在……眼里"表示在某一个人看来。

(1) 无论在老师还是在同学们眼里,他都是一个好学生。

(2) 在他的眼里,熊是一种特别友好的动物。

(3) 在孩子们的眼里,一切都是美好的。

2. 讲究

(1) 名词"讲究"表示值得注意的内容,常做"有"的宾语。

① 中国人起名字有很多讲究。

② 做菜的火候大有讲究。

③ 母亲做年夜饭很有讲究。

(2) 动词“讲究”表示讲求、重视。

① 我们从小要培养讲究卫生的好习惯。

② 我们做事情要讲究步骤，讲究方法。

③ 他说话很讲究用词。

(3) 形容词“讲究”表示精美。

① 她的房间布置得很讲究。

② 他吃东西特别讲究。

③ 她在开幕式上穿的那件衣服做得十分讲究。

3. 有A有B

“有A有B”表示A和B都有。比如“有冷有热”、“有荤有素”、“有车有房”、“有老有少”、“有男有女”、“有说有笑”。

(1) 现在的女孩子都喜欢找有车有房的男朋友。

(2) 房间里有男有女、有老有少，大家有说有笑，特别热闹。

(3) 我们家吃饭很讲究，菜必须是有冷有热、有荤有素。

练一练 Exercises

1. 给下面的句子排列顺序

Arrange the following sentences in a correct order

(1) 开始吃年夜饭。

(2) 吃到硬币，母亲说会在新的一年中会万事顺利，心想事成。

(3) 看春节联欢晚会。

(4) 吃饺子。

(5) 母亲开始做年夜饭，有冷有热，有荤有素。

______ → ______ → ______ → ______ → ______

2. 根据课文内容，选择正确答案

Choose the correct answer according to the text

(1) 这篇文章的内容是关于什么的？

A. 年夜饭　　B. 吃饺子　　C. 母亲做饭　　D. 看晚会

(2) 当饺子里的硬币被母亲吃到，她的心情是：

A. 高兴　　B. 难过　　C. 吃惊　　D. 遗憾

(3) 为什么母亲做菜时菜的数量必须是双数？

A. 好看　　B. 好吃

C. 预示着好事成双　　D. 她很会做饭

(4) 下面哪一个不是中国人吃年夜饭时喜欢做的？

A. 看春节联欢晚会　　B. 发红包

C. 放鞭炮　　D. 包饺子

（5）母亲眼中的年夜饭是什么？下面哪一个是错的？
A. 团圆饭　　B. 预示着新一年的开始
C. 不是很重要　　D. 不只是一顿简单的晚餐

周末总盘点

词汇盘点 Key words extended

开阔	迟早	拿手	确保	指挥
开阔视野 开阔思路 开阔眼界 开阔心胸	迟早的事 迟早要面对 迟早会结束 迟早会来的	拿手菜 拿手好戏 拿手本领 最拿手的是……	确保安全 确保质量 确保经济快速增长 确保物价稳定	受人指挥 指挥乐队 指挥作战 在……的指挥下

玩转周末 Fun weekend

测试：三分钟就知道谁是你最爱的人？

（1）你最喜欢的颜色是红色、黑色、蓝色、绿色、黄色？
（2）你名字的第一个字母。
（3）你生日是几月？
（4）黑色和白色你喜欢什么色？
（5）你最喜欢的数字。
（6）你喜欢湖还是海？

轻松一刻 Easy time

恭维话

“强强，你过来！”妈妈放下电话后生气地说，“我刚才接到婷婷妈妈的电话，她告诉我你在昨晚的学校舞会上对婷婷行为不好，你很粗鲁！”

“妈妈，我对她很好，真的！”小伙子不服气地说，“当我和她跳舞时

Compliment

“Qiangqiang! Come here!” said his furious mother, putting the telephone down, “I’ve just had a call from Tingting’s mum about your behavior to Tingting at the school dance last night. You are very rude.”

“I was nice to her, Mum, really I was!” protested the youth.

我还说了一句恭维她的话。”

“你真的这么做的吗？”妈妈严厉地问，“你的原话是怎么说的？”

“我说，啊呀，婷婷，你比和我跳过舞的任何胖姑娘出汗都少！”

（改编自英语角）

“I even paid her a compliment when we had a dance.”

“Did you, indeed?” said his mother grimly, “And what exactly did you say?”

“I said, Gosh, Tingting, you sweat less than any fat girl I’ve ever danced with!”

在哪儿见过？ Where have you ever seen these pictures?

1. 重阳节时，在北京的公园你会见到的宣传画：

（1）

两阳相重	liǎng yáng xiāng chóng	the sun and the moon unite.
陶冶情操	táoyě qíngcāo	cultivate one' s taste (temperament)
体魄	tǐpò	physique
桑榆晚景	sāngyú wǎnjǐng	the evening of one's life
增添	zēngtiān	to add; to increase

（2）

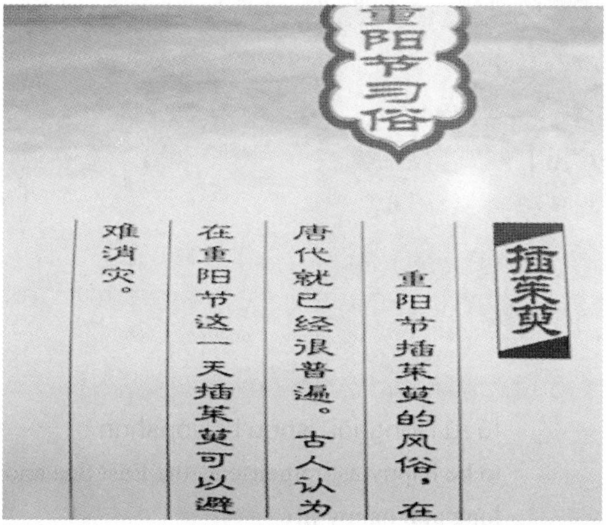

茱萸	zhūyú	the fruit of medicinal cornel; a cornel
避难消灾	bì nàn xiāo zāi	avert a disaster

（3）

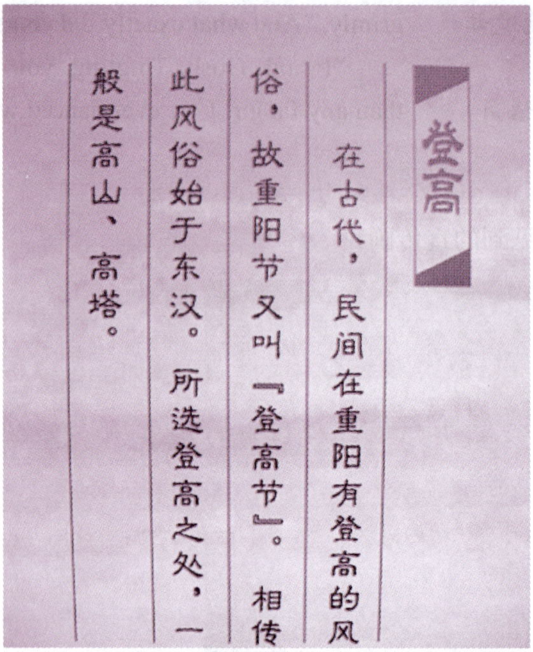

相传	xiāngchuán	according to legend or tradition
东汉	Dōng Hàn	the Eastern Han Dynasty
高塔	gāotǎ	high tower

2. 中国人有给老人过寿的习俗，特别是60岁，晚辈们一般会对老人说："祝您福如东海、寿比南山！"

福如东海、寿比南山	fú rú Dōnghǎi, shòu bǐ Nánshān to be happy as immense as the East Sea and live a long and happy life

答案 Key to the exercises

星期一

1. (1) 踩——高跷
   抖——空竹
   舞——狮子
   逛——庙会

   (2) 变——魔术
   猜——谜语
   演——杂技
   扭——秧歌

2. (1) 目不暇接　(2) 前仰后合
   (3) 哄堂大笑　(4) 震耳欲聋

星期二

1.

国　家	老人节的日期	如何庆祝
中　国	农历九月九日	登上高山、欣赏菊花、喝菊花酒、吃花糕 各地都要组织老年人登山秋游，开阔视野，交流感情，锻炼身体
加拿大	6月21日	书店里摆出各种幽默书刊，供老人选购。此外，喜剧明星在养老院举行义演，电视台专门推出为老人助笑的节目
美　国	9月劳动节后的第一个星期天	各地都要举办敬老活动
日　本	9月的第三个星期一	老人们这天穿上节日盛装，接受儿孙及亲友的祝贺，并参加各种节日活动

2. (1) 举行　(2) 推出　(3) 开阔　(4) 独具特色　(5) 举办

星期三

1. (1) 压岁钱：春节时长辈们给孩子们的表示呵护和疼爱的钱。
   (2) 祟：一种妖怪
2. (1) ×　(2) √　(3) √　(4) ×　(5) √　(6) ×

星期四

1.

手　指	代　表	能否张开	原　因
大拇指	父　母	能	每个人都会有生老病死，父母有一天也会离我们而去
食　指	兄弟姐妹	能	他们也都会有自己的家庭，也会离开我们
小拇指	子　女	能	子女长大后，迟早有一天也会有自己的家庭生活
无名指	夫　妻	不能	一辈子不分离，真正的爱是永远分不开的

2. (1) 生　(2) 早　(3) 底　(4) 曲　(5) 考　(6) 代

星期五

1. 5 → 1→3 → 4 → 2

2. (1) A (2) D (3) C (4) B (5) C

玩转周末:

(1) 红色:你是一个很警戒的人。
黑色:你很保守,但很自负。
绿色:你很放松。
蓝色:你同时爱着很多人,你喜欢你爱的人的爱和吻。
黄色:你是一个快乐的人。

(2) 你的字母是:
A–K:你一生中有很多爱和友情。
L–R:你的爱情生活马上就要开始。
S–Z:你的爱情生活充满希望。

(3) 如果你生在:
1–3月,你很走运,你会爱上一个人。
4–6月,你有一个很好的爱情,不会很长,但很美好。
7–9月,你会在这一年经历好的、很大的变化。
10–12月,你最终会找到你爱的人。

(4) 如果你选了:
黑色,你的生命将改变方向,非常好!
白色,你有一个朋友愿意为你做任何事,你可能不知道。

(5) 这就是你一生中贴心朋友的数目。

(6) 如果你选了:
湖:你很忠诚,也很保守。
海:你同时爱着很多人,也很希望你爱的人幸福。

第五周

“蚁族”现象

星期一 Monday

难度：★★　建议时间：3分钟　字数：357

居住方式各异

买房结婚不仅是中国年轻人最热门的话题之一，同样也困扰着世界各国的年轻人。

在欧洲一些国家，孩子成年后，有了稳定的工作，有的还成了家，但还和父母住在一起，这种现象在比利时、西班牙、意大利很常见。西班牙的巴塞罗那，市中心住房每平米售价6000欧元左右，一套100平米的房子要60万欧元，相当于一个年轻人年收入的30多倍，初出茅庐的年轻人买房只是个梦。

美国是崇尚自由的国家，美国大学不要求学生一定住在学校里，校外租房比住校便宜，一些大学生养成了租房习惯，毕业后也不愿回父母家居住。经济不宽裕又想追求自由，年轻人选择几个人合租的情况在美国比比皆是。

韩国年轻人结婚后仍住父母家的逐年增加。首都首尔有1000多万人口，面积狭小，寸土寸金，一套100平米的房子近10亿韩元，这对平均月收入322万韩元的普通家庭简直是天价，一个公务员买一套住宅需要工作15—18年。

（改编自《中国证券报》）

小贴士

房价一直是中国老百姓最关心的问题之一。2010年9月，北京的房子均价是22321元/平米，上海是20575元/平米，深圳是20940元／平米。

生词 New words

1. 困扰	(动)	kùnrǎo	to perplex; to beset; to persecute
2. 倍	(量)	bèi	times; fold
3. 初出茅庐		chū chū máolú	young and inexperienced
4. 崇尚	(动)	chóngshàng	to uphold; to advocate
5. 宽裕	(形)	kuānyù	well-off;well-to-do
6. 比比皆是		bǐ bǐ jiē shì	to be found or seen everywhere
7. 狭小	(形)	xiáxiǎo	narrow and small
8. 寸土寸金		cùn tǔ cùn jīn	an inch of land values an inch of gold
9. 天价	(名)	tiānjià	an astronomical price

专有名词 Proper names

1. 意大利	Yìdàlì	Italy
2. 巴塞罗那	Bāsàiluónà	Barcelona

学一学 Grammar

1. 相当于

表示两方面差不多(多指数量、价值、条件等),“于”有时也可以省去。

(1) 王丽一个月的收入相当于我半年的收入。

(2) D班留学生的汉语水平相当于中级。

(3) 月球上的一个白天相当于地球两个星期,一个黑夜也相当于地球上两个星期。

2. 逐年

“逐年”表示一年一年地。常用的还有“逐日(一天一天地)”、“逐个(一个一个地)”、“逐月(一月一月地)”等。

(1) 对他的思念逐日增加。

(2) 这个地方的粮食产量逐年减少。

(3) 在第二天早上的会议上,他们提出许多问题并逐个进行了讨论。

(4) 财政收入增长加快,银行贷款逐月增加。

练一练 Exercises

1. 从下列每一行中找出两个相同的字

Find out two identical characters in each item

(1) 狭小　猴子　陕西　狭窄　榨油　____

(2) 崇尚　向上　鬼祟　乌龟　风尚　____

(3) 宽裕　硅谷　容易　桂林　富裕　____

(4) 天价　夫妇　得失　扫地　夫人　____

(5) 需要　下雪　打雷　需求　倒霉　____

(6) 租房　组长　眼睛　阻碍　组织　____

2. 根据课文内容,选择正确答案

Choose the correct answer according to the text

(1) 这篇文章的内容是关于什么的?

A. 住房问题　B. 买房结婚　C. 自由　D. 合租

(2) 下面哪一个是对的?

A. 美国是一个自由的国家,因此年轻人和父母住在一起的情况很普遍

B. 韩国年轻人结婚后仍住父母家的逐年减少

C. 买房结婚只是中国年轻人最热门的话题之一

D. 在首尔,一个公务员买一套住宅需要工作15—18年

(3) 下面哪一个国家的年轻人选择出去租房的比较多?

A. 西班牙　B. 美国　C. 比利时　D. 意大利

星期二 Tuesday

难度:★★★　建议时间:3分钟　字数:356

中国出现养生热

最近几个月来,各书店保健类书籍销售火爆,从《求医不如求己》、《不生病的智慧》,到《从头到脚说健康》、《人体使用手册》,一直占据着排行榜的前几位,经常脱销。

现代人注意养生了,特别是中医养生,老祖宗的东西拿出来都成了健康时尚,以前很陌生的一些名词如经络、穴位、气血等,成了一些养生人士的常用语,足疗、刮痧、拔罐也成了人们热衷的休闲养生方式。许多人加入到这场热热闹闹的中医养生行列中,有人买了这些保健书送给亲戚、朋友,大家一起交流分享。

针对目前这场轰轰烈烈的养生热潮,养生专家说,养生热情应

该赞同，生了病一半靠医生治，一半靠自己养，特别是一些慢性病如糖尿病、高血压。没有生病也要保养，养生是个大趋势，现在生活条件好了，人们需要有质量的生活，要活得健康、活得舒畅。一般的养生保健我们可以参考这些书，但生病还是要去看医生。

（改编自《温州日报》）

小贴士

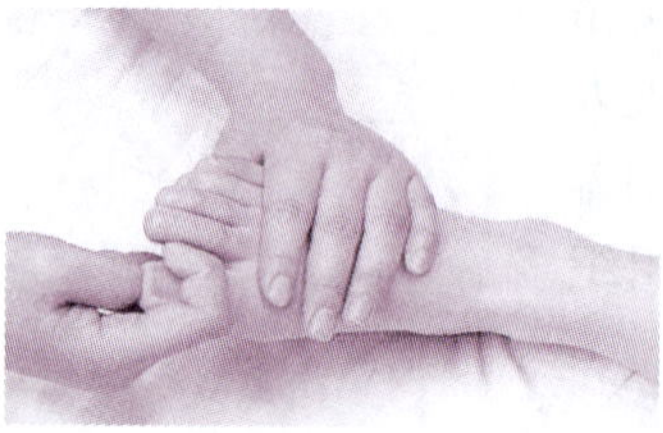

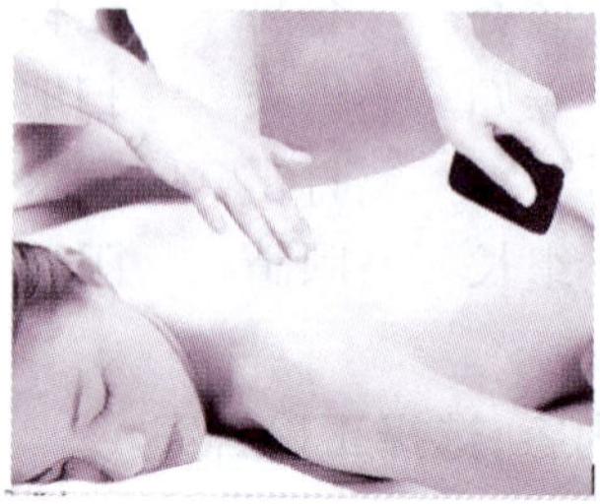

上图分别是足疗、刮痧和拔罐。最近几年在中国很流行。

生词 New words

1. 火爆	（形）	huǒbào	prevailing; popular
2. 占据	（动）	zhànjù	to cover
3. 排行榜	（名）	páihángbǎng	the billboard; the charts
4. 脱销	（动）	tuōxiāo	to sold out; out of stock
5. 老祖宗	（名）	lǎozǔzong	ancestors
6. 陌生	（形）	mòshēng	strange; unfamiliar
7. 经络	（名）	jīngluò	channels and collaterals
8. 穴位	（名）	xuéwèi	an acupuncture point
9. 气血	（名）	qìxuè	qi and Blood
10. 足疗	（名）	zúliáo	foot massage
11. 刮痧	（名）	guāshā	a popular treatment for sunstroke by scraping the patient's neck, chest or back
12. 拔罐	（名）	báguàn	cupping
13. 热衷	（动）	rèzhōng	be wild about ; zeal
14. 糖尿病	（名）	tángniàobìng	[Medicine] diabetes; diabetes mellitus
15. 高血压	（名）	gāoxuèyā	[Medicine] high blood pressure; hypertension
16. 舒畅	（形）	shūchàng	happy; entirely free from worry

学一学 Grammar

1. 加入到……行列中

常用搭配，“加入到……行列中”表示“加入到……人群中和……一起”。

(1) 越来越多的成年人加入到庆祝儿童节的行列中来。

(2) 由于就业的压力，越来越多的年轻人加入到考公务员的行列中来。

(3) 导游领着我们参观博物馆时，有两三个外国游客也加入到我们的行列中。

2. 针对

表示对准某个人或物。

(1) 他们针对中学生的特点，开展了丰富多彩的活动。

(2) 我们要针对儿童的心理特点进行教育。

(3) 针对公司出现的新问题，我们及时采取了新措施。

练一练 Exercises

1. 判断下面每组中两个句子的意思是否一样(一样的划√，不一样的划×)

Decide whether the two sentences are the same in each group, same(√) or different(×)

(1) A. 他刚来学校，对周围的环境还很生疏。
    B. 他刚来学校，对周围的环境还很陌生。

(2) A. 这么多的孩子买了玩具火箭，现在商店都卖完了，可是还有很多人来买。
    B. 这么多的孩子买了玩具火箭，现在商店都脱销了。

(3) A. 在炎热的夏天喝上一杯冰镇西瓜汁，那真是一种惬意的享受。
    B. 在炎热的夏天喝上一杯冰镇西瓜汁真的很舒畅。

(4) A. 小丽最近对网络游戏很痴迷。
    B. 小丽最近热衷于网络游戏。

(5) A. 他的这张唱片很单调。
    B. 他的这张唱片很火爆。

(6) A. 几乎所有的成员都同意这项提议。
    B. 几乎所有的成员都赞同这项提议。

2. 根据课文内容，选择正确答案

Choose the correct answer according to the text

(1) 下面哪个不是慢性病？
    A. 糖尿病　　B. 高血压　　C. 慢性胃炎　　D. 阑尾炎

(2) 下面哪个不是中医的常用语？
    A. 经络　　B. 穴位　　C. 气血　　D. X光片

（3）下面哪个是西医治病的方式？

A. 足疗　　B. 解剖　　C. 刮痧　　D. 拔罐

（4）下面哪个不是养生专家赞同的？

A. 生了病一半靠医生治，一半靠自己养

B. 没有生病也要保养

C. 生病了不用去看医生

D. 人们需要有质量的生活，要活得健康、活得舒畅

星期三 Wednesday

难度：★★★　建议时间：3.5分钟　字数：368

考公务员热

“你准备报哪个部门？”这句话成了这几天MSN、QQ上年轻人见面打招呼的常用语。被人称为“中国第一考”的2010年全国公务员考试网上报名工作将在本月26日开始，成千上万的考生关注着这次考试。据统计，2009年国家公务员考试报考与录取的比例约为162:1。部分热门职位的竞争超过了“千里挑一”的程度，像厦门海关仅4个岗位，报名者竟达3000人。公务员考试是近年最热门的话题之一，虽然录取要求逐年升高，但是报考人数仍不断增多。

公务员最吸引你的是什么？近日记者采访了很多学生。

60%的学生认为做公务员有比较好的社会地位，是一种非常体面、非常令人羡慕与尊敬的职业。

90%的学生认为，做公务员工作稳定，压力小，更不用担心下岗，可以说是最稳定的职业之一，而且做公务员，可以解决本地户口问题。

70%的学生认为当公务员最大的好处是福利好，享有最完善的社会保障和医疗保障，这些是在企业工作所不能比的。

（改编自《东南商报》）

小贴士

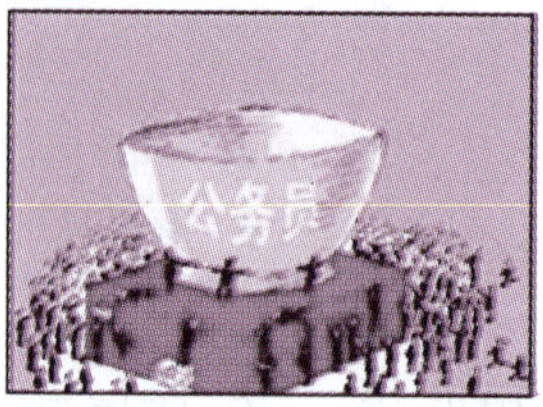

毕业生将考上中央国家机关公务员称为“金饭碗”，直辖市、省级公务员为“银饭碗”，地市级为“铜饭碗”，镇街道一级为“铁饭碗”。

生词 New words

1. 统计 （动） tǒngjì to gather statistics
2. 海关 （名） hǎiguān Customs; (Br.) customshouse; (Am.) customhouse
3. 岗位 （名） gǎngwèi a post; a position
4. 体面 （名） tǐmiàn dignity; face; decency
5. 下岗 （动） xiàgǎng to lose one's job
6. 福利 （名） fúlì welfare
7. 完善 （形） wánshàn faultless; perfect
8. 保障 （名） bǎozhàng safeguard; security

学一学 Grammar

1. 据

“据”是介词，依据，按照。常跟“调查、了解、估计、统计”等动词一起用。常用的还有“据说”，表示根据某种说法。多用于书面语。例如：

（1）据统计，北京市常住人口为1755万人。

（2）据老师了解，他今天没来上课是因为他妈妈生病了。

（3）据说，她又找到了新的工作。

2. A是B所不能比的

常用搭配，表示A比B好很多。

（1）母亲对孩子的爱是任何东西所不能比的。

（2）马丽的认真、努力是我们公司其他人所不能比的。

（3）我们给你的待遇是其他公司所不能比的。

练一练 Exercises

1. 根据课文内容完成表格

Complete the form according to the text

学生	当公务员的好处
60%	
70%	
90%	

2. 根据课文内容,判断正误(正确的划√,错误的划×)

Decide whether the following statements are true(√) or false(×) according to the text

(1) 高考被人称为“中国第一考”。

(2) 厦门海关的录取比例高达750:1。

(3) 公务员的社会地位不高,因此不太受人尊敬。

(4) 考上公务员就可以解决本地户口,所以很多人都报名参加考试。

(5) 公务员虽然工作很稳定,可是有时候也会担心下岗。

(6) 据统计,2009年国家公务员考试报考与录取的比例约为162:1。

3. 选择并完成句子

Choose and complete the following sentences

(1) 连你这个数学家都解决不了这个问题,_____。

A. 其他人可以　　B. 更不用说其他人了

(2) 你买的这套房子真好,上班很方便,_____。

A. 而且价格也合理　　B. 可是价格太贵了

(3) 当教师最大的好处就是稳定而且体面,_____。

A. 这是其他职业所不能比的　　B. 然而很多人却不想当

4. 讨论题

在你们国家,公务员是个很好的职业吗?

星期四 Thursday

难度:★★★　建议时间:3.5分钟　字数:378

低碳生活很环保很时尚

“低碳生活”作为一种生活方式,先是从国外兴起,可以理解为:减低二氧化碳的排放,低能量、低消耗、低开支的生活方式。如今,这股潮流逐渐在我国一些大城市兴起,潜移默化地改变着人们的生活。

“走路还是开车?”“爬楼梯还是坐电梯?”“室温28℃还是27℃?”……这些选择题,逐渐成了越来越多的人认真考虑的问题。记者在采访中发现,许多70、80、90后环保节能意识让人欣喜。他们通过同学、同事、QQ群等许多社交圈交流低碳生活的心得,并成为一种时尚的生活潮流。

对我们每个普通的市民来说,低碳生活其实并不难。比如,出行首选自行车、公交车,到超市购物自备购物袋,家庭用水循环使用,把家里的灯泡换为节能灯，把空调温度调高1摄氏度，生活垃圾分类处理，不买动物皮毛做的衣物，少吃口香糖，不使用一次性餐具，推广素食，随手关灯……这些生活中的小事，都是每个人力所能及又意义非凡的事情。

（改编自中国网）

小贴士

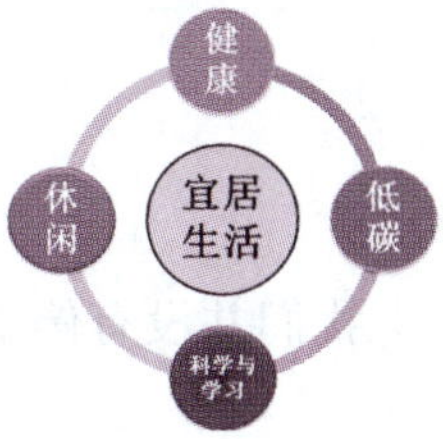

养成低碳生活（low-carbon life）的四个小习惯：1. 每天的淘米水可以用来洗手、擦家具、浇花等。2. 喝过的茶叶渣，把它晒干，做一个茶叶枕头，既舒适又能帮助改善睡眠。3. 出门自带喝水杯，减少使用一次性杯子。4. 因为养车费用太高放弃了买车的计划。

生词 New words

1. 二氧化碳	（名）	èryǎnghuàtàn	[Chemistry] carbon dioxide
2. 开支	（名）	kāizhī	expenses; expenditure; spending
3. 潮流	（名）	cháoliú	the trend
4. 潜移默化		qián yí mò huà	be imperceptibly influenced by
5. 欣喜	（形）	xīnxǐ	joyful; happy; delighted; pleased
6. 循环	（动）	xúnhuán	to keep on recurring

学一学 Grammar

如今

时间词，表示现在。

（1）事到如今也只能这样了。

（2）如今他变得成熟了很多，不再像以前那么冲动了。

（3）北京如今不再是一个拥挤的闹市，而是一个美丽的大公园了。

练一练 Exercises

1. 根据课文内容，完成表格

Complete the form according to the text

方　面	怎么低碳生活
吃	
穿	
出行	
购物	
家庭生活	

2. 选择并完成句子

Choose and complete the following sentences

（1）毕业以后他先是在一家小企业打工，______。

A. 后去了一家大型的国企，如今他已经是当地小有名气的企业家了

B. 目前是当地小有名气的企业家

（2）______，这点钱不算什么。

A. 针对他说　　B. 对他来说

（3）天虽然黑了，______。

A. 我们吓得停下来了　　B. 我们并没有停下来

3. 讨论题：在日常生活中，你是怎么低碳生活的？

星期五 Friday

难度：★★★★　建议时间：4分钟　字数：416

“蚁族”现象

网络时代各种新颖的网络词汇层出不穷，近来，“蚁族”一词格外引人瞩目。

“蚁族”，是指一批规模庞大的“80后”高校毕业生。之所以将该群体称之为“蚁族”，是因为这个群体和蚂蚁有许多相类似的特点：智力高、弱小、群居。他们受过高等教育，却大多数从事推销、保险、餐饮等工作；他们拥有知识和理想，却常常在现实生活中徘徊；他们收入水平普遍不高，只能与同类人合租房子。

随着夏季的到来，又有一批大学生即将毕业。毕业后，是留在城里找工作，还是回到家乡就业？在城里工作潜力很大，但竞争压力也不小，买房、结婚对于一个刚刚步入社会的年轻人来说，是那么的遥不可及；回到家乡工作竞争压力小，发展稳定，婚姻、住房问题也迎刃而解，可谓是好处多多。然而，据统计，绝大多数高校毕业生选择留在城市发展，不愿回到家乡。

虽然目前他们工作不稳定，但未来却还有着很多可能。正因为如此，许多“蚁族”从来就没有想过放弃。“家乡太小，放不下我的理想。”这句话想必道出了大部分“蚁族”的心声。

（改编自南平市人民政府门户网站）

小贴士

唐家岭村被称为北京“蚁族”的集聚(jíjù, to gather)地。由于这里距离中关村、上地等企业密集区比较近，房租便宜，大量外地来北京的人都选择在这里租房，唐家岭由此变得著名起来。当地聚集了5万多名外来人口，包括1.7万名大学毕业生。为了改变现状，北京市2010年3月29号启动(qǐdòng to start (sth.) up)唐家岭地区整体改造(gǎizào to reconstruct)工程。

生词 New words

1. 层出不穷		céng chū bù qióng	to emerge in an endless stream
2. 庞大	(形)	pángdà	tremendous; huge ;enormous
3. 弱小	(形)	ruòxiǎo	(the) small and weak
4. 群居	(动)	qúnjū	to live in herds; to hive
5. 推销	(动)	tuīxiāo	to market
6. 徘徊	(动)	páihuái	to hesitate ; to hover
7. 遥不可及		yáo bù kě jí	out of reach
8. 迎刃而解		yíng rèn ér jiě	(of a difficult problem) be solved neatly
9. 心声	(名)	xīnshēng	heartfelt wishes

学一学 Grammar

1. 却

副词，一般放在主语的后面，表示对比关系，侧重于主观评价，表达某种语气。

(1) 老李喜欢看球赛，他妻子却喜欢听音乐，夫妻俩爱好不一样。

(2) 我没给你做什么，你却给我这么大的帮助。

(3) 我们的住房日益宽敞，家庭却逐渐缩小。

2. 可谓

动词，可以说是。

(1) 一个两岁就能弹钢琴的孩子真可谓神童。

(2) 他什么都懂，可谓是一部百科全书。

(3) 他对大自然可谓一往情深。

3. 然而

“然而”是连词，经常用于书面语，表示意思的转折。

（1）我给他写了封信，然而他一直没有回信。

（2）她是司机，需要足够的睡眠，然而她经常睡得晚，起得早。

（3）一些人浪费食物，然而另一些人却没有足够的食物。

练一练 Exercises

1. 从课文中找出下列词语的反义词

Find out the following antonyms from the text

（1）渺小——　　（2）坚决——

（3）坚持——　　（4）动荡——

（5）陈旧——　　（6）屈指可数——

（7）特殊——　　（8）触手可及——

2. 根据课文内容，判断正误（正确的划√，错误的划×）

Decide whether the following statements are true(√) or false(×) according to the text

（1）“蚁族”是一个新词，很多人都很关注它。

（2）“蚁族”是一群蚂蚁。

（3）“蚁族”和蚂蚁有许多相类似的特点：智力低、庞大、群居。

（4）“蚁族”大多数从事推销、保险、餐饮等工作，他们没有知识和理想。

（5）“蚁族”的收入水平普遍不高，只能与同类人合租房子。

（6）在城里工作潜力很大，竞争压力也不大。

（7）很多大学毕业生，都愿意回到家乡找工作，因为回到家乡工作竞争压力小，发展稳定，婚姻、住房问题也迎刃而解。

（8）虽然目前他们工作不稳定，但很多“蚁族”从来就没有想过放弃梦想。

3. 选择并完成句子

Choose and complete the following sentences

（1）之所以把他留下来，_____。

A. 因为我还有很多话没对他说

B. 是因为我还有很多话没对他说

（2）_____，他说话、办事越来越成熟、稳重。

A. 随着年龄的增长　　B. 年龄大了

(3) 在市中心买房上班方便，_____，对于刚刚毕业的大学生来说是多么的遥不可及；在郊区买房价格合理，_____，可谓是好处多多。

A. 房价很高；还可以呼吸新鲜空气

B. 价格合理；但上班不方便

4. 讨论题：你喜欢在哪儿生活，大城市还是小城市？为什么？

周末总盘点

词汇盘点 Key words extended

崇尚	完善	保障	体面	心声
崇尚自然 崇尚科学 崇尚节俭 崇尚自由	完善的公共设施 完善的设备 进一步完善 自我完善	保障人身安全 保障公民权利 社会保障 最低生活保障	体面的生活 体面的工作 穿得很体面	表达……心声 代表……心声 道出……心声 反映……心声

玩转周末 Fun weekend

测测你的财运

深夜，你独自走在一条漆黑的路上，这时，突然听见背后有人喊你的名字，你会：

A. 马上答应，然后回头看

B. 停下来，但不敢回头

C. 当做没听见，继续往前走

D. 拔腿就跑

轻松一刻 Easy time

买房子的优缺点

“这幢房子，”房地产推销商说，“既有优点也有缺点。为了说明我是诚实的，我将告诉你们它的缺点：往南面一个街区是一家化工厂，往北面一个街区是一家屠宰场。”

“那么它的长处呢？”预备买房子的人问道。

Good Points and Bad Points

“This house,” said the real-estate salesman, “has both its good points and bad points. To show you I'm honest, I'm going to tell you about the disadvantage - there is a chemical plant one block south and a slaughterhouse one block north.”

“What are the advantages?” inquired the prospective buyer.

“它的好处，”推销商说道，“就是你总能分清风是从哪边吹过来的。”

（改编自中国教育文摘）

“The good thing about it,” said the agent, “is that you can always tell which way the wind is blowing.”

在哪儿见过？ Where have you ever seen these pictures?

1. 在中关村你可以看到的宣传语：

太平洋数码城	Tàipíngyáng Shùmǎ Chéng	taxi station
喧哗	xuānhuá	confused noise; a hubbub
谁说中关村太喧哗	shuíshuō Zhōngguāncūn tài xuānhuá Zhongguancun is not noisy any more!	

2. 在北京的街头，你可以见到的房子租赁（zūlìn to rent; to lease）的小广告：

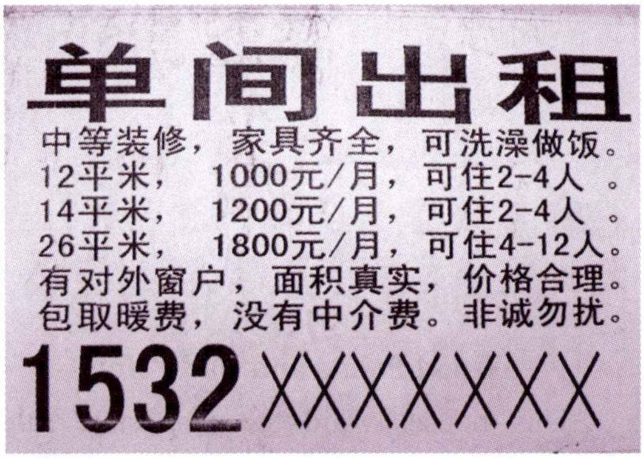

单间	dānjiān	a single room
出租	chūzū	to rent
装修	zhuāngxiū	to decorate
家具齐全	jiājù qíquán	furnished
包取暖费	bāo qǔnuǎnfèi	include heating fee
中介费	zhōngjièfèi	a finder's fee
非诚勿扰	fēi chéng wù rǎo	If there is no sincerity, please do not call me.

3. 在工地(gōngdì work site;building construction)上,你会见到的宣传画:

安全帽	ānquán mào	safety helmet

4. 在中国,如果你想买房、卖房、租房、出租房子都可以在"我爱我家"找到信息。

置换	zhìhuàn	replacement
房产	fángchǎn	house property
代理	dàilǐ	agency

答案 Key to the exercises

星期一

1. (1) 狭 (2) 尚 (3) 裕 (4) 夫 (5) 需 (6) 组
2. (1)A (2) D (3) B

星期二

1. (1) √ (2) √ (3) √ (4) √ (5) × (6) √
2. (1) D (2) D (3) B (4) C

星期三

1.

学生	当公务员的好处
60%	做公务员有比较好的社会地位，很体面，而且受人尊敬
70%	福利好，享有最完善的社会保障和医疗保障
90%	做公务员工作稳定，压力小，更不用担心下岗，而且还解决本地户口

2. (1) × (2) √ (3) × (4) √ (5) × (6)√
3. (1) B (2) A (3) A

星期四

1.

方　面	怎么低碳生活
吃	少吃口香糖、不使用一次性餐具，推广素食
穿	不买动物皮毛做的衣物
出行	首选自行车、公交车，不开私家车
购物	自备购物袋
家庭生活	家庭用水循环使用，把家里的灯泡换为节能灯、把空调温度调高 1 摄氏度、生活垃圾分类处理，随手关灯

2. (1) A (2) B (3) B

星期五

1. (1) 渺小—— 庞大　(2) 坚决——徘徊
   (3) 坚持—— 放弃　(4) 动荡——稳定
   (5) 陈旧—— 新颖　(6) 屈指可数——层出不穷
   (7) 特殊—— 普遍　(8) 触手可及——遥不可及
2. (1) √ (2)× (3) × (4) × (5) √ (6) × (7) × (8) √
3. (1) B (2) A (3) A

玩转周末：

选A：财运平平，甚至有时候会有小额负债的情况，好好做个相关理财计划，不要继续到处乱花钱。

选B：财运不错，有一定的积蓄。不要冲动买很贵的东西，或是过度冒险去投资。

选C：财运一般，不过由于你自己没什么特别花钱的爱好，所以能把钱存下来。

选D：财运相当好，关键时刻总是有办法生出钱来。建议你可以多做些长期投资，那样你的钱会越来越多。

第六周

职业教育受关注

星期一 Monday

难度：★★ 建议时间：3分钟 字数：390

学会宽容

在一个度假村的大厅里，一个满脸歉意的工作人员，正在安慰一个大约4岁的小孩，受惊的小孩已经哭得筋疲力尽。原来那天小孩特别多，这个工作人员一时疏忽，在儿童的网球课结束后，少算一个，将这个小孩留在了网球场。等她发现人数不对时，才赶快跑到网球场，把那个小孩带回来。小孩因为一个人在偏远的网球场，受到惊吓，哭得十分伤心。不久，孩子的妈妈来了。她蹲下来安慰自己的小孩，并且很理性地告诉他："已经没事了，那个姐姐因为找不到你而非常紧张，并且十分难过，她不是故意的，现在你必须亲亲那个姐姐的脸颊，安慰她一下。"乖巧的孩子踮起脚尖，亲了亲蹲在他身旁的工作人员的脸颊，并且轻轻地告诉她："不要害怕，已经没事了。"

其实，在孩子的生活中，每天都会发生很多有意义的事情。类似这样的最佳教育时机，如果有心的家长能把握住，引导孩子学会沟通和理解他人，孩子的情商也能得到较好的发展，成为一个善良可爱的受欢迎的人。

（改编自《京华时报》）

小贴士

度假村是一个集餐饮、住宿、体育活动、娱乐、购物为一体的地方。

生词 New words

1. 度假村	（名）	dùjiàcūn	tourist place to spend one's holidays; holiday tour arena
2. 安慰	（动）	ānwèi	to comfort
3. 筋疲力尽		jīn pí lì jìn	to be completely exhausted
4. 疏忽	（动）	shūhū	to neglect; to omit
5. 惊吓	（动）	jīngxià	to frighten; to scare
6. 故意	（副）	gùyì	deliberately; purposely
7. 踮	（动）	diǎn	to stand on tiptoe
8. 时机	（名）	shíjī	an opportunity; a suitable (or right) time
9. 把握	（动）	bǎwò	to grasp; to seize (the chance)
10. 情商	（名）	qíngshāng	EQ (the abbreviation of Emotional Quotient)

学一学 Grammar

一时

副词，短时间内，暂时。多用于否定句和问句。

（1）他一时还来不了，您再等一会儿吧。

（2）这么多钱我一时拿不出来。

（3）提问题的人太多，我一时回答不过来。

练一练 Exercises

1. 给下面的句子排列顺序

Arrange the following sentences in a correct order

（1）小孩亲了亲姐姐的脸颊，并安慰她没事。

（2）小孩的妈妈来了。

（3）小孩由于害怕哭了起来。

（4）小孩的妈妈安慰自己的孩子，并让他亲亲姐姐的脸颊。

（5）度假村的工作人员不小心把一个4岁的小孩留在了网球场。

（6）孩子们在网球场开心地玩儿。

______ → ______ → ______ → ______ → ______ → ______

2. 从课文中找出下列词语的反义词

Find out the following antonyms from the text

（1）感性——　　（2）打击——

（3）精神焕发——　　（4）谨慎——

（5）淘气——　　（6）松弛——

（7）错过——　　（8）无意——

星期二 Tuesday

难度:★★　建议时间:3分钟　字数:358

新颖的寒假作业

今年寒假期间,郑州市不少学校给学生布置了各种各样独具特色的寒假作业。

环保作业:到公园街头捡垃圾。许多学校寒假中布置了一项特殊的环保作业,号召学生利用假期到公园、街头、广场捡垃圾,把能够重新利用的废品卖给废品收购站,得来的钱作为第二学期的学费,以减轻家长的负担,开学后评比,并写出心得日记。小学三年级学生王蒙说,他很喜欢这个作业。放假以来,他已经4次到公园捡垃圾了,不仅捡到了大量的废品,还拾到了80多只废电池和100多个矿泉水瓶。

民俗作业:让孩子真正认识传统节日。文化路小学布置了以围绕春节民俗为主题的作业,主要包括以下三方面内容:一、为自己家和左邻右舍等家庭贴至少20副春联,并抄写下来,认真诵读,体味中华传统文化的气息;二、感受春节礼仪,主要包括拜年、敬酒、礼让、敬老爱幼等;三、学会使用压岁钱。

(改编自《中国教育报》)

小贴士

拜年是中国的传统习俗,是人们辞旧迎新、相互表达美好祝愿的一种方式。新年的初一,人们都早早起来,穿上最漂亮的衣服,打扮得整整齐齐,去走亲访友,相互拜年,恭祝来年大吉大利。拜年时,晚辈要先给长辈拜年,祝长辈长寿安康,长辈可把事先准备好的压岁钱(红包)分给晚辈。

生词 New words

1. 号召	(动)	hàozhào	to call; to appeal
2. 废品	(名)	fèipǐn	production rejects; wastes
3. 收购站		shōugòu zhàn	purchasing centre
4. 评比	(动)	píngbǐ	to evaluate (by comparison)

5. 围绕	(动)	wéirào	to surround; to encircle; to go around
6. 诵读	(动)	sòngdú	to read aloud; to chant
7. 体味	(动)	tǐwèi	to appreciate; to taste
8. 礼让	(动)	lǐràng	give precedence to somebody out of courtesy or thoughtfulness

学一学 Grammar

1. 以

连词,表示目的。

(1) 班长做了一个班级通讯录,方便大家以后联系。

(2) 他的公司做过一些非法的贸易,以赚取高额利润。

(3) 婚礼当天他为每一个到场的嘉宾订制了礼服,以炫耀他的财富。

2. 以来

"以来"表示从过去某时直到说话时为止的一段时间。"以来"前面常用"从、自、自从"等词。

(1) 他自生病以来胃口就不大好。

(2) 自从我上次离开这里以来,这小城已变得认不出来了。

(3) 世博会开幕以来,每天要接待几万名观众。

3. 以……为主题

常用搭配,表示以……为主要内容。

(1) 这个展览以自然风景为主题。

(2) 校长发表了以世界和平为主题的演讲。

(3) 世界上第一个以两性关系为主题的公园将于夏末在伦敦西区与游人见面。

练一练 Exercises

1. 根据课文内容,选择正确答案

Choose the correct answer according to the text

(1) 这篇文章的内容是关于什么的?

A. 捡垃圾　B. 民俗　C. 寒假作业　D. 环保

(2) 下面哪一个是错的?

A. 到公园捡垃圾是为了环保

B. 王蒙拾到了20多只废电池和100多个矿泉水瓶

C. 文章介绍了两个寒假作业:环保作业和民俗作业

D. 民俗作业包括让学生学会使用压岁钱

（3）下面哪一个是文章中没有提到的？

A. 感受春节礼仪，主要包括拜年、敬酒、礼让、敬老爱幼等

B. 卖废品得来的钱作为第二学期的学费，以减轻家长的负担

C. 为自己家、左邻右舍等家庭贴至少20副春联，并抄写下来，认真诵读

D. 学会放鞭炮

2. 连线组成短语

Match and form a phrase

（1）布置	负担	（2）捡	老人
贴	年	敬	日记
减轻	作业	写	垃圾
拜	春联	尊敬	酒

星期三 Wednesday

难度：★★★　建议时间：3.5分钟　字数：396

高考保姆

高考是牵动中国千家万户的考试。为了更好地照顾孩子，家长们开始为孩子请“高考保姆”。

“我花了两个星期，跑了5个家政公司，才抢到了李阿姨。”家住西城区的王女士开心地说。她的女儿芳芳在一家私立高中上学，今年参加高考。

“女儿每天复习功课十多个小时，每周都得考试，我特别担心她营养跟不上，就变着法子给她做营养餐，但她总是不爱吃。”为此，着急的王女士便一趟趟往家政公司跑，希望请个经验丰富的高考保姆。

两周后，她终于看中了李阿姨。今年60岁的李阿姨曾是数学老师，为人认真负责，还能做一手营养丰富的饭菜。芳芳对李阿姨非常满意：“她既像奶奶一样照顾我，又像老师那样辅导我，还能跟我讲如何参加考试，以及如何适应大学的生活，这些对我来说都很有用。”

李阿姨说，自己的儿女都在国外，退休在家有些寂寞，平日看见别的老人有孙子孙女抱，自己十分羡慕，因此，她想到了做高考保姆，既能让自己做些力所能及的事，又能享受做长辈的快乐。

（改编自培训通网）

小贴士

在中国大部分地区，高考每年只举行一次，2003年以前在7月举行，2003年开始改为每年6月举行。统一考试为6月7日、8日。高考成绩可以决定考生进入什么样的大学，而进入什么样的大学又非常重要，几乎可以说影响了人的一生。因此中国的家长很重视孩子的高考。

生词 New words

1. 高考	（名）	gāokǎo	university (or college) entrance examination
2. 牵动	（动）	qiāndòng	to influence
3. 保姆	（名）	bǎomǔ	a nursemaid; a housekeeper
4. 家政	（名）	jiāzhèng	housekeeping
5. 看中	（动）	kànzhòng	to take a liking to; take a fancy to
6. 羡慕	（动）	xiànmù	to admire
7. 力所能及		lì suǒ néng jí	as far as one's capacity allows; in one's power

学一学 Grammar

1. V+上

“V+上”表示达到一定的目的或标准。“上”和助词“得”结合可以做可能补语，否定形式是“V+不上”。

（1）考不上大学，可以复读，以后再考。

（2）她看不上别人给她介绍的男朋友。

（3）这套房子今年能住上吗？

2. 变着法子

想很多办法。

（1）为了让儿子多吃点，她每天变着法子给他做饭。

（2）王老师经常变着法子给学生讲语法，因此学生们都很喜欢他的课。

（3）他每天都变着法子给儿子讲故事。

3. 为此

（1）“为此”表示原因。

① 我确实要为此向您道歉。

② 她为此伤心了好长时间。

③ 你现在改变主意已经太迟了，所以为此而伤心落泪是没有用的。

(2)“为此”表示目的。

① 现在的成果使她和丈夫头脸上满是微笑，他俩为此付出多少日日夜夜啊。

② 这个故事说明，要使人们相信真理不是一件简单的事，为此甚至还要做出某种牺牲。

③ 不少作家为此做出了有益的尝试。

4. 一趟趟

“一趟趟”是“一”加量词的重叠形式组成的短语，常见的还有“一个个”、“一座座”、“一次次”、“一家家”、“一辆辆”、“一天天”等，它们的用法是：

(1) 在动词前做状语，表示动作的方式，“地”可用，也可省略。

① 过去的丑小鸭一个个(地)变成了活泼、可爱的白天鹅。

② 日子一天天(地)过去了，他的工作还是没有什么进展。

③ 我的公婆一次次(地)给我打电话问他们儿子是否平安归来。

(2) 用于名词前做定语，名词前不用“的”，表示数量多，有描写的性质。

① 他们穿过一座座小村庄，来到了一个小树林。

② 春节快到了，一家家大商场都装饰得五颜六色。

③ 他看着一辆辆汽车在马路上飞驶而过。

练一练 Exercises

1. 指出下列句子是什么意思

Choose the best definitions for the following sentences

(1) 我花了两个星期，才抢到了李阿姨。

A. 我花了两个星期，很容易就找到了李阿姨。

B. 我花了两个星期，把李阿姨抢走了。

C. 我花了两个星期，好不容易才找到李阿姨。

(2) 我特别担心她营养跟不上，就变着法子给她做营养餐。

A. 我特别担心她营养跟不上，就给她做各种各样的饭。

B. 我特别担心她营养太多，就变着法子给她做营养餐。

C. 我特别担心她营养跟不上，就换人给她做营养餐。

(3) 她终于看中了李阿姨。

A. 她喜欢上了李阿姨。

B. 她对李阿姨很满意。

C. 她看不上李阿姨。

2. 选词填空

Choose the correct words

羡慕　力所能及　看中　变着法子　牵动

(1) 陪她逛了一上午,她终于______了一条裙子。

(2) 由于西藏是一个相对落后的地区,西藏的发展一直______着中央政府和全国各族人民的心。

(3) 真______小王,他的车子真漂亮。

(4) 他每次都______哄女朋友开心。

(5) 这些事不在我______的范围之内。

3. 选择并完成句子

Choose and complete the following sentences

(1) 麦克的女朋友和他分手了,______,他伤心了很长一段时间。

A. 为此　　B. 因为

(2) 这种批评建议,______可以通过口头和书面提出,______可以通过“读者来信”提出,______可以向上级反映。

A. 不仅;还;又　　B. 既;又;还

(3) 我跑了大半个北京城,______。

A. 就找到了这种药　　B. 才找到这种药

星期四 Thursday

难度:★★★★　建议时间:3.5分钟　字数:367

职业教育受关注

大学生就业难已成为有目共睹的事实。为增加就业竞争力,很多大学生选择先参加职业培训再就业。“因为企业招人不是只看你在大学的学习成绩,还要看你的动手能力,而后者可能比前者更重要。”大学生小刘说,与其到处碰壁找工作,不如积蓄能力再找工作。

同时,高职院校也逐渐得到了高三学生及其家长的青睐,家长梁鹏说:“经过家庭会议的商量,我儿子今年放弃三本而选择高职,有市场的专业才会受欢迎,用人单位对于文凭好像越来越不看重了,重要的是你能胜任工作、出色工作,我很高兴我儿子能认识到这一点,而不是去盲目追求学历。”

一方面,我国缺乏大量的技能人才,高级蓝领供不应求;另一方面,大学生难找工作,毕业即失业,在家“啃老”,造成家庭在孩子身上的教育投入的极大浪费。职业教育培养目标直接,课程内容与实际工作联系紧密，让学生熟悉行业、融入行业，是一种很有效的就业方式。

（改编自网易）

小贴士

蓝领（Blue-collar worker）是相对于白领的技术人才，指的是一切以体力劳动为主的工资收入者，如一般工矿工人、建筑工人、码头工人、仓库管理员等。蓝领最近几年在中国很受欢迎，大部分还没有毕业就能找到工作，而且待遇也很好。

生词 New words

1. 有目共睹		yǒu mù gòng dǔ	to be obvious to all
2. 碰壁	（动）	pèngbì	to meet a rebuff
3. 积蓄	（动）	jīxù	to save; to gather
4. 文凭	（名）	wénpíng	a diploma
5. 供不应求		gōng bú yìng qiú	supply falls short of demand
6. 投入	（动）	tóurù	to put in; to plunge into
7. 课程	（名）	kèchéng	a curriculum
8. 行业	（名）	hángyè	a profession; a walk of life
9. 融入	（动）	róngrù	to blend into; to melt into

学一学 Grammar

1. 得到……的青睐

常用搭配，表示得到某些人的喜爱或重视。

（1）在社交场合，她总能得到男人们的青睐。

（2）今年夏天，该公司将推出3D版，相信会得到更多顾客的青睐。

（3）他们公司新推出的香水得到了女人们的青睐。

2. 一方面……另一方面……

关联词语。连接并列的两种相互关联的事物，或一个事物的两个方面。

（1）他一方面受到批评，另一方面却受到鼓励。

（2）我不赞成今年买车，一方面我们每个月要还贷款，另一方面你的开车技术也不太好。

（3）对能力较差的人，一方面要分配给他们一些力所能及的工作，一方面要给他们提供学习、锻炼的机会，帮助他们逐步提高自己的能力。

3. 词+即+词

“词+即+词”中的“即”表示就是。

(1) 在中国结婚即成家。
(2) 很多大学生没有找到工作，毕业即失业。
(3) 荷花即莲花。

练一练 Exercises

1. 根据课文内容，选择正确答案

Choose the correct answer according to the text

(1) 现在企业招人不太重视什么？
A. 大学的学习成绩　　B. 动手能力
C. 文凭　　D. 胜任工作的能力

(2) 家长梁鹏对于儿子的决定，心里很：
A. 难过　　B. 害怕　　C. 担心　　D. 高兴

(3) 下面关于职业教育的说法哪一个是错的？
A. 是一种很有效的就业方式
B. 培养目标直接
C. 课程内容与实际工作联系紧密
D. 造成家庭在孩子身上的教育投入的极大浪费

(4) 文章中的“啃老”是什么意思？
A. 啃老人的骨头　　B. 打老人
C. 年龄很大了，有生活能力却依然依靠父母生活
D. 虐待老人

2. 从课文中选择与画线词语意思最接近的一个

Select closest meaning with the underlined words from the text

(1) 你不能这样<u>没有目的</u>地去学习，你得给自己定一个计划。
A. 看不到东西　B. 盲目　　C. 明确　　D. 谨慎

(2) 你这样盲目地去找工作，迟早会遇到阻碍或遭到<u>拒绝</u>。
A、碰壁　　B. 盲目　　C. 顺利　　D. 困难

(3) 周杰伦的歌曲得到了很多青少年的<u>喜爱</u>。
A. 疯狂　　B. 爱好　　C. 热情　　D. 青睐

3. 选择并完成句子

Choose and complete the following sentences

(1) 想要了解中国，与其去大城市旅行，______。
A.倒不如去偏远的农村走走　　B. 去偏远的农村走走更好

(2) 判断身体素质好坏的标准不是只看你的力量大小、速度快慢，______。
A. 不看你的耐力和柔韧度　　B. 还要看你的耐力和柔韧度

（3）______，重要的是他有没有潜力，对自己是否真心。

A. 如今的女孩子对男人的身高、长相越来越不看重了

B. 如今的女孩子很看重男人的身高和长相

星期五 Friday

难度：★★★★　建议时间：4分钟　字数：399

中美不同的教学模式

在中国，全国中小学有统一的课程设置标准，统一的教学大纲，各地教育主管部门根据上级安排及本地实际情况，再制订出当地相对统一的教学内容及教学进度。学校哪天开学，哪天放假，都可以从教育主管部门那里得到具体的指示和安排。评价教师水平的主要标准，是学生参加各种考试时的成绩。

和中国完全不同，美国的中小学没有全国统一的教学大纲，当然也没有全国统一的教材。每个学校所开课程及课程难度由学校及任课教师根据自己的实际情况确定。

美国高中实行选课制，教师没有公共的办公室，但每个教师有一间属于自己的教室。开学第一周，学校公布本学期所有教师所开设的课程，具体要求、上课地点、难度、学分写得清清楚楚，学生可以随便到任意一个教师的教室上课。从第二周开始，学生必须根据自己的实际情况，确定自己本学期需要选修的课程。学生没有班的概念，自然也没有固定的教室。学生可能第一节课和高年级同学一起上数学，第二节课又和低年级同学一起上生物。

（改编自满分网）

小贴士

在中国，一年一般分为两个学期，可分别称为上学期和下学期。一年有两个假期：暑假和寒假，暑假一般是两个月，7月到8月；寒假一般是一个月。每年9月1号是中国大部分学校的开学日期。

生词 New words

1. 大纲　（名）　dàgāng　outline
2. 上级　（名）　shàngjí　higher authorities

3. 制订	（动）	zhìdìng	to draw up; to formulate
4. 进度	（名）	jìndù	achieved percentage of scheduled progress
5. 指示	（名）	zhǐshì	directives; instructions
6. 选课制		xuǎnkè zhì	elective system
7. 公布	（动）	gōngbù	to announce; to give publicity to; to notify
8. 开设	（动）	kāishè	open (for business, etc.)
9. 任意	（副）	rènyì	at will; at one's own choice
10. 选修	（动）	xuǎnxiū	to take an elective or optional course
11. 固定	（形）	gùdìng	fixed; stable; steady

学一学 Grammar

1. 评价……的标准是……

常用搭配。

（1）我们公司评价新人的标准是踏实、努力、有创新性。

（2）中国的80后女人评价男人好坏的最主要标准是人品。

（3）观众评价一部电视剧好坏的标准是因人而异的。

2. 根据……确定……

常用搭配。

（1）如果你在沙漠中迷路，就要根据太阳来确定你的位置。

（2）你要根据自己的实际情况确定你能不能参加比赛。

（3）根据你的爱好确定你要选的专业。

练一练 Exercises

1. 根据课文内容完成表格

Complete the form according to the text

	中　国	美　国
教学大纲		
教材		
教室		
开学放假日期		
评价教师的标准		

2. 根据课文内容，判断正误（正确的划√，错误的划×）

Decide whether the following statements are true(√) or false(×) according to the text

（1）中国的中小学有统一的课程设置标准，统一的教学大纲。

(2) 中国的中小学生不能选课,而美国的学生可以根据自己的喜好选课。
(3) 中国和美国评价教师的标准都是学生的成绩。
(4) 在中国,学生有自己固定的教室,美国没有。
(5) 中国和美国的老师都有自己的办公室。
(6) 中国学生有自己的班,而美国学生没有固定的班级。
(7) 美国学生可以随意到一个教师的教室上课,中国学生不能。
(8) 在美国高年级的学生可以和低年级的学生一起上课,在中国的中小学不可以。

周末总盘点

词汇盘点 Key words extended

把握	号召	投入	制订	公布
有(没有)把握 把握时机(机会) 从总体上把握 把握现实	响应号召 在……号召之下 号召人们不要吸烟 号召植树	投入时间 投入精力 投入使用 资金投入	制订法案(法律) 制订标准 制订计划 制订方针	公布结果 公布日期 公布名单 向……公布

玩转周末 Fun weekend

测测属于你的减轻压力的方式

当你和朋友坐船出海游玩儿,你会选择在哪里休息?

A. 船上的豪华宴会厅　　B. 船头甲板上

C. 船舱卧房里　　D. 船尾

轻松一刻 Easy time

4−4=?

一天,老师问小明:"四减四等于几?"小明张口结舌答不上来。

老师生气地说:"真笨! 你想,如果我放四个硬币在你的口袋里,但你的口袋里有个洞,结果四个硬币都漏掉了,那么你的口袋里还有什么?"

"洞。"小明答道。

(改编自新浪网)

4−4=?

One day, the teacher inquired Xiaoming: "How much is four minus four?" Xiaoming was tongue-tied.

The teacher got angry and said: "What a fool! You see, if I put four coins in your pocket, but there is a hole in your pocket and all of them leak out, now what is left in your pocket?"

"The hole," replied Xiaoming.

在哪儿见过？ Where have you ever seen these pictures?

1.

读书俱乐部	dúshū jùlèbù	a book club
凤凰国际书城	Fènghuáng Guòjì Shūchéng	Phoenix International Bookstore

2. 中国的学校每年开学的时候一般都会有开学典礼，学校的主要领导人会讲话，欢迎新同学。学生毕业时一般有毕业典礼，领导人会颁发（bānfā to issue）学位证书（xuéwèi zhèngshū a diploma）并送上祝福。

开学典礼	kāixué diǎnlǐ	the opening ceremony
仪式	yíshì	a ceremony; a ceremonial

3. 中国的大学录取通知书一般由邮局发放(fāfàng to give)。

(一)

录取通知书	lùqǔ tōngzhīshū	letter of admission
专递	zhuāndì	special delivery

(二) 这是北京大学的录取通知书。

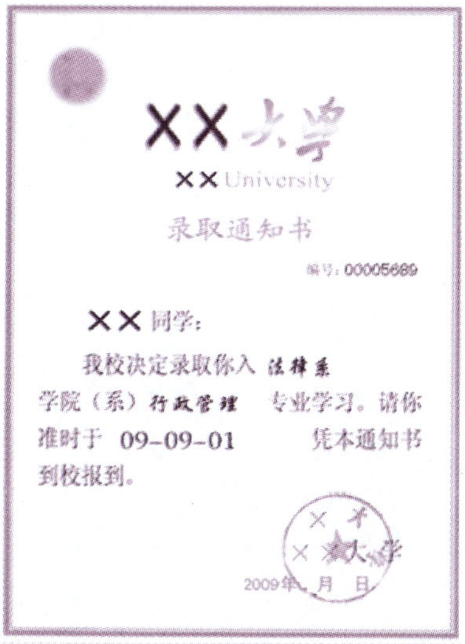

XX大学

XX University

录取通知书

编号：00005689

XX同学：

我校决定录取你入 法律系 学院（系）行政管理 专业学习。请你准时于 09-09-01 凭本通知书到校报到。

XX大学

2009年 月 日

编号	biānhào	serial numbers
法律系	fǎlǜ xì	department of law
行政管理	xíngzhèng guǎnlǐ	administrative management
报到	bàodào	to check in; to register

4. 这是一张奖状(jiǎngzhuàng a certificate of merit; a certificate of award)，中国的学生在学习、运动、思想等方面表现优秀的话，学校会给他们发奖状。

特发此状，以示鼓励 Tè fā cǐ zhuàng, yǐ shì gǔlì
In order to encourage you, the school award you this certificate of merit

答案 Key to the exercises

星期一

1. (1) 6→5→3→2→4→1

2. (1) 感性——理性　　(2) 打击——安慰
   (3) 精神焕发——筋疲力尽　　(4) 谨慎——疏忽
   (5) 淘气——乖巧　　(6) 松弛——紧张
   (7) 错过——把握　　(8) 无意——故意

星期二

1. (1) C　(2) B　(3) D

2. (1)　　(2)

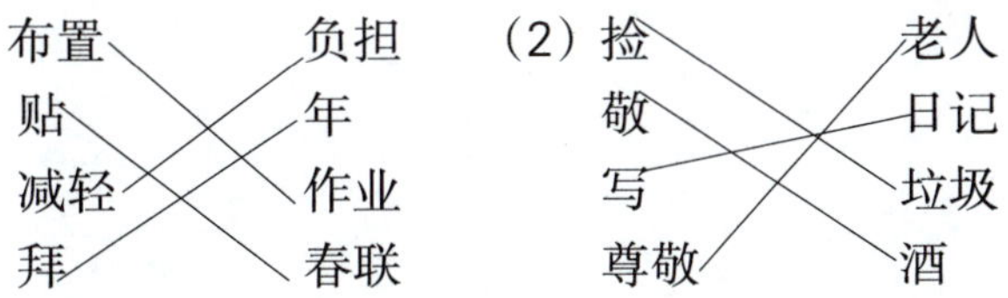

星期三

1. (1) C　(2) A　(3) B
2. (1) 看中　(2) 牵动　(3) 羡慕　(4) 变着法子　(5) 力所能及
3. (1) A　(2) B　(3) B

星期四

1. (1) C　(2) D　(3) D　(4) C
2. (1) B　(2) A　(3) D
3. (1) A　(2) B　(3)A

星期五

	中　国	美　国
教学大纲	统一的	没有
教材	教育主管部门制定	由学校及任课教师根据自己的实际情况确定
教室	固定的	没有固定的
开学放假日期	学校哪天开学,哪天放假,都可以从教育主管部门那里得到具体的指示和安排	/
评价教师的标准	学生的成绩	/

2. (1) √　(2) √　(3) ×　(4) √　(5) ×　(6) √　(7) √　(8) √

玩转周末：

选A：吃自己喜欢的食物或是逛街买东西，都可能让你的心情迅速好起来。

选B：出国旅游或是泡泡温泉会是你最好的减轻压力的方式，如果暂时没办法实现，那就去最近的景点游玩一下。

选C：当你感到郁闷或者心情不好时，不妨去唱唱卡拉OK，在朋友面前把你心中不满的话全部说出来。

选D：将工作或是学习都暂时抛到一边去，一个人悠闲地看看书或是影碟，都会帮你减轻压力。

第七周

中国白领的必读之书

星期一 Monday

难度：★★★　建议时间：3分钟　字数：330

看电影　读新书

这是一个很特别的书店。书店里色彩明亮。很多书在其他地方很难见到。很久以前，这里是食堂，现在墙壁上还挂着一个很古老的钟，时钟停止在多年前的某一时刻。

这里的书大部分都是进口的英文版书籍，而且基本上都是原版图书。架子上都是最新的摄影类、设计类和建筑类的书籍。书店里的外文杂志与国外几乎同步；这里还可以代订国外原版图书。

除了书籍以外，这里还有很多有意思的事。咖啡厅、露天小院和五星级厨师掌勺儿的西餐厅是东八区的另一半风景。总体上可以概括为是一个受欢迎的，以书、美食、饮品和本地创意交流活动为目的的社区。

为了保证书店对客人的新鲜度，每个月书店会更换一次新书。另外，每隔一段时间书店还会放映艺术类电影或者组织新书发布会和艺术家座谈会，并全部以中英文双语的形式呈现给广大艺术爱好者。

（改编自《新京报》）

小贴士

东八区在798，以前叫现代书店。北京有一些像东八区这样的人文书店，比如“单向街”、“读易洞”等等。这些书店的性质更像是小型的文化沙龙，各种的读书会、讨论会让爱读书的人在书香之间穿梭（chuānsuō, to shuttle back and forth）。

生词 New words

1. 色彩	（名）	sècǎi	color
2. 墙壁	（名）	qiángbì	wall
3. 进口	（名）	jìnkǒu	import
4. 原版	（名）	yuánbǎn	original edition
5. 露天小院		lùtiān xiǎoyuàn	open-air courtyard
6. 掌勺儿		zhǎngsháor	to be the chef
7. 概括	（动）	gàikuò	to summarize
8. 创意	（名）	chuàngyì	a creative idea
9. 呈现	（动）	chéngxiàn	to emerge; to present (a certain appearance)

学一学 Grammar

1. 基本上

表示"主要的"。

（1）许多老队员都已经退役(tuìyì,to retire)了，目前基本上是依靠年轻队员上场比赛。

（2）由于中国实行独生子女政策的缘故，现在城市里的孩子基本上都是独生子女。

（3）国民收入的增长速度，基本上可以反映这个国家国民经济的发展速度。

2. 总体上

常用搭配，表示"从总的方面"来看。

（1）这所学校学生总人数大概一万两千多人，不过中国学生只占四分之一，总体上是以留学生教育为主。

（2）总体上看，房子和土地的价格都是在涨而不是降。

（3）虽然有些食品出现了问题，但是总体上这个国家的食品还是安全可靠的。

练一练 Exercises

1. 在下列空格中填入合适的汉字，使得上下左右能组成词或短语

Fill in the blanks with a suitable character to form a word or phrase around

（1）
口
展 ☐ 行
步

（2）
意
业 ☐ 造
新

2. 选词填空

Choose the correct words

（1）这个书店的书大部分都是(进口/出口)的英文版书籍。

（2）这个书店的英文书籍(基本上/总体上)都是原版图书。

(3) 这个书店可以(包括/概括)为一个受欢迎的，以图书、美食、饮品和本地创意交流活动为目的的社区。

(4) 这个书店每个星期二都会(反映/放映)艺术类电影。

(5) 这个书店的新书发布会和艺术家座谈会都会以中英文双语的形式(表现/呈现)给广大艺术爱好者。

星期二 Tuesday

难度：★★★　建议时间：3.5分钟　字数：369

读书"实用"最为重要

在生活节奏越来越快的当下，你花多少时间读书？最爱读哪些书？在4月23日第15个"世界读书日"即将来临之际，有记者走上街头随机采访。

据采访显示，从人们最喜欢的书籍类别来看，生活知识类最受青睐，如保健、旅游等与生活相关的书籍。记者来到某图书大厦，电梯处贴着4月上旬的新书销售榜，排在第一位的是一本健康类书籍，在排行榜的前20名中，营养保健等生活类实用书籍占了7个。据不完全统计，生活实用类书籍基本上能占到图书销售总量的近40%。这与目前人们读书的目的性增强有关系，现在读书更多的是为了学习新知识、新技能。

在调查中，90%的人认为自己平时读书不多，"工作太忙，没时间读书"是读书少的最主要原因，其中20%的人"偶尔翻翻书籍杂志，很少认真地读完一本书"。一些人说，平时工作繁忙，大量时间都花在了各种公务和应酬上，即使有时间待在家里，也由于各种家务无法集中时间读书。

(改编自《河南日报》)

小贴士

除了看书的时候注重实用性以外，买书的时候人们也注重实惠方便。现在越来越多的人通过网络购买图书，既便宜又方便。在一些购书网站买书，比如说当当网、卓越网、淘宝网等，顾客可以享受5折到7折的不等优惠。一般网店都推出了免费快递、货到付款等方式。

生词 New words

1. 即将 （副） jíjiāng be about to; be on the point of
2. 随机 （副） suíjī randomly
3. 偶尔 （副） ǒu'ěr occasionally; once in a while
4. 应酬 （动） yìngchou to have intercourse; to treat with courtesy

学一学 Grammar

1. 据+(……)+ 统计

常用搭配，注意介词用的是“据”。

（1）据统计，这个国家百分之十的人都是没有受过教育的。

（2）据最新统计，电影产业去年的收入是两千亿美元。

2. 把/将 + 时间/钱 +花在……上

常用搭配，注意介词用的是“把”或者“将”。

（1）作为学生，应该把大部分时间花在学习上，而不是把时间花在玩儿上。

（2）小雨很喜欢美食，她把大部分工资都花在吃上。

（3）现在离婚率提高的原因之一，就是夫妻双方没有把足够的时间花在家庭上。

练一练 Exercises

1. 连线组成短语

Match and form a phrase

（1）

生活	采访
即将	节奏
随机	来临

（2）

销售	翻翻
偶尔	繁忙
工作	图书

2. 根据课文内容，判断正误（正确的划√，错误的划×）

Decide whether the following statements are true(√) or false(×) according to the text

（1）“世界读书日”是每年的4月23日。

（2）据采访显示，与生活相关的书籍最受人们喜欢。

（3）在某图书大厦的销售排行榜上，排在第一位的是一本旅游书籍。

（4）由于目前人们读书目的性的增强，生活实用类书籍卖得比较好。

（5）家务繁忙是人们读书少的主要原因。

星期三 Wednesday

难度：★★★　建议时间：4分钟　字数：389

中国白领的必读之书

最近一段时间，《杜拉拉升职记》在中国特别畅销，有人认为这本书是中国白领必读的职场小说。

大部分人是要谋生的，不单要谋生，而且希望谋得好。说到谋生，有人适合自己做老板，更多的人则靠打工。其实，自己做老板，也就是给自己打工。

您可以消遣地来看看这本纯属虚构的小说，也可以把它当经验分享之类的职场实用手册来使用。小说的主人公杜拉拉是典型的中产阶级的代表，她没有背景，受过较好的教育，走正规路子，靠个人奋斗获取成功。对于大部分人来说，她的故事比比尔·盖茨的更值得参考。因为比尔·盖茨那样的成功，除了努力和本事，还需要罕见的运气，对大部分人而言，恐怕可遇不可求。基于可行性和实用性的考虑，便有了“更值得参考”一说。

可能你干了很多活儿上司却不待见你，没准你有个本事不大、脾气不小的下属，也许你的平级争风吃醋、不怀好意，或者你的客户不把你放在眼里——你要很好地完成任务，就要设法摆平他们，看看《杜拉拉升职记》吧。

（改编自当当网）

小贴士

《杜拉拉升职记》的作者叫李可，是某名校的本科毕业生。她是个职业经理人，有十多年的外企工作经验。她从事过销售和人力资源工作。对于现在靠打工谋生的人来说，是两种不错的谋生手段；从满足人类成就感的角度看，也是两种可能提供极大发挥空间和精神满足的职业。她在典型的欧美500强企业文化长期的熏陶下，仍然是一个热爱生活的人。

生词 New words

1. 畅销	（动）	chàngxiāo	to sell well; to be in great demand
2. 职场	（名）	zhíchǎng	workplace; office place
3. 谋生	（动）	móushēng	to make a living

4. 消遣	(动)	xiāoqiǎn	to divert oneself
5. 纯属虚构		chún shǔ xūgòu	to make out of the whole cloth
6. 中产阶级		zhōngchǎn jiējí	middle class
7. 可遇不可求		kě yù bù kě qiú	something that can only be found by accident, and not through seeking
8. 待见	(动)	dàijiàn	to care for (usually in a negative sentence)
9. 下属	(名)	xiàshǔ	subordinate
10. 争风吃醋		zhēng fēng chī cù	to fight for the affections of a man or woman
11. 不怀好意		bù huái hǎo yì	to harbor malicious intentions
12. 摆平	(动)	bǎipíng	to impartial; to be fair to

学一学 Grammar

1. 可遇不可求

比喻好的事物只能遇到,可不容易追求到。

(1) 赵刚知道这种幸运可遇不可求,可是他实在是舍不得这所小小的希望小学和孩子们。

(2) 哪里有这么多的爱情?真有爱情这回事的话,也是可遇不可求。

(3) 世界上高级的人很多,有趣的人也很多,又高级又有趣的人则少之又少,高级而有趣的朋友可遇不可求。

2. 不怀好意

形容心中有不能告诉别人的目的,没安好心。

(1) 在公共汽车上,莉莉经常碰到不怀好意的男人身体的挤压。

(2) 现如今,跟人打交道的技巧很重要,比如怎么回答不怀好意的问题,怎么更有效地跟别人沟通,这些都是可以训练的。

练一练 Exercises

1. 在下列空格中填入合适的汉字,使得上下左右能组成词或短语

Fill in the blanks with a suitable character to form a word or phrase around

(1)

单			
		虚	
	于		成

(2)

	微		吃
争			
		力	

2. 选词填空

Choose the correct words

(1)《杜拉拉升职记》被认为是中国白领必读的职场小说,在中国特别(畅销/销售)。

(2) 您可以(消费/消遣)地来看看这本小说,也可以把它当经验分享之类的职场实用手册来读。

(3) 可能你干了很多活上司却不(待见/接待)你,说不定你有个本事不大、脾气不小的下属。

(4) 你要很好地完成任务,就得想办法(公平/摆平)他们。

星期四 Thursday

难度:★★★★ 建议时间:4分钟 字数:408

让孩子爱读书

俗话说:"活到老,学到老。"每个人要想在事业上取得成功,需要有良好的学习能力,包括接受能力、思考能力和阅读能力等,学习直接影响每个人的成功。每位父母都希望孩子取得成功,这就要从小培养孩子爱读书的习惯。

(一)创造读书的氛围。孩子在1—2岁时,就开始让他接触书籍,在孩子的生活区域布置小书架,摆放一些书本,主要是孩子喜欢的绘画书籍,这就是在创造爱读书的气氛。

(二)父母要有榜样作用。父母的榜样教育是相当重要的,父母从事的职业也可能是孩子以后的就业对象:如果父母经商,那么家里就充满经商的氛围;如果父母是科学家,那么家里就充满科技的氛围。在家中,父母就要做榜样,可以在家里看书、看报或者参加业余班,让孩子从小熏陶着父母的学习精神。

(三)培养孩子的读书兴趣。让孩子每天坚持在固定的时间读书,而且至少读15分钟左右。比如睡觉前,让孩子看看图书或者听父母讲讲故事,并且要孩子每天提出一个问题,培养孩子的思考能力。

(改编自钟科博客)

小贴士

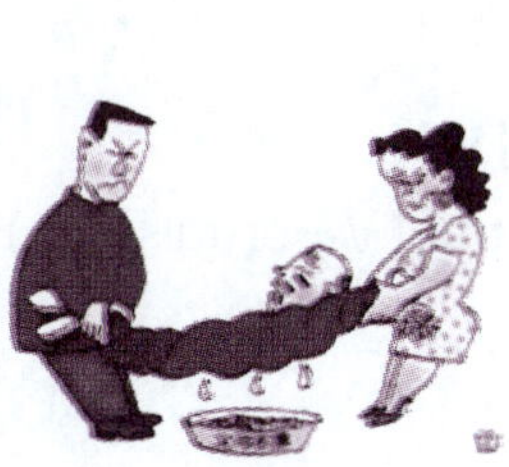

家庭教育是孩子整个教育的重要组成部分,是学校教育和社会教育的基础。对孩子进行家庭教育时要注意:用平常心对待孩子的优秀;多赞美孩子的品行,少赞美孩子的天分和成果;不要在别的家长面前过多地赞美自己的孩子;再富也要穷孩子;不要用金钱、物质奖励孩子。

生词 New words

1. 良好 （形） liánghǎo fine; good
2. 思考 （动） sīkǎo to think
3. 氛围 （名） fēnwéi atmosphere
4. 接触 （动） jiēchù to come into contact with
5. 区域 （名） qūyù area; district
6. 榜样 （名） bǎngyàng model
7. 熏陶 （动） xūntáo to influence

学一学 Grammar

接受—接收

“接受”主要是指从思想上接纳（jiēnà, to accept），宾语可以是具体事物，也可以是抽象事物。

“接收”主要是指收别人给的物品，宾语一般是具体事物。

（1）小刚这个人很骄傲，从来不接受别人的建议。

（2）犯了一次错误就应该接受教训，同样的错误不能犯两次。

（3）张力的做事方法让同事们很难接受。

（4）我们俱乐部准备接收一批新会员。

（5）在偏远山区，电视机的接收效果不好。

（6）他们仍然能接收到声音，但是画面消失了。

练一练 Exercises

1. 在下列空格中填入合适的汉字，使得上下左右能组成词或短语

Fill in the blanks with a suitable character to form a word or phrase around

（1）		受		（2）		定	
	触	☐	收		有	☐	然
		待				体	

2. 根据课文内容，判断正误（正确的划∨，错误的划×）

Decide whether the following statements are true(∨) or false(×) according to the text

（1）学习对人的成功不产生影响。

（2）孩子在1—2岁时，就可以开始让他接触书籍。

（3）父母从事的职业一定是孩子以后的就业对象，所以父母的榜样作用很重要。

（4）培养孩子的读书兴趣固然很重要，但并不是越早越好。

（5）让孩子每天提出一个问题，这能培养孩子的思考能力。

星期五 Friday

难度：★★★★ 建议时间：4分钟 字数：415

电子书初长成

电子书市场近两年来持续高速增长，已经成功整合内容、发行等出版资源。电子书成为图书出版产业中的新生机。

由于采用E-ink（电子墨水）技术，电子书的屏幕显示方式已经与传统纸质图书的阅读方式十分接近。另外，电子书更便携、更环保的特性，将使其成为消费者阅读图书的最佳解决方案之一，并让电子书市场逐步热闹起来。

纵观国际市场，电子书市场处于迅猛发展期。2009年亚马逊适时推出了第二代产品kindle2，问世2个月销量将近30万部。全球电子书市场，亚马逊牢牢占据主要地位，索尼紧随其后，位居第三的就是中国的汉王科技。电子书仅仅是一个平台，通过电子阅读器能够阅读到多种多样的读物才是电子书的最大卖点。亚马逊能够迅速在电子书市场确立优势，在于其本身拥有雄厚的图书资源，并能迅速将图书内容在kindle上呈现。

与亚马逊的商业模式不同，汉王很多内容没有采用网络下载方式，而采用了预装书的模式。此外，汉王还将本身拥有的手写功能与电子阅读器结合，更符合中国消费者以及很多特殊消费者的使用习惯。

（改编自《精品购物》）

小贴士

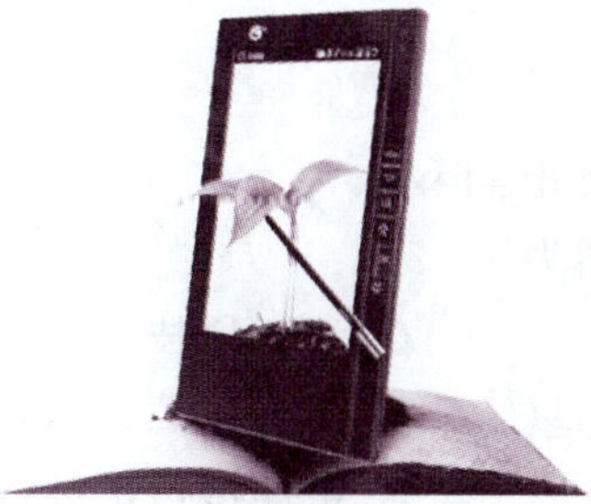

电子阅读器指的是专门为了显示文本而设计的设备，是一种新的数字阅读器，可以阅读网上绝大部分格式的电子书，比如PDF、TXT等等。与一般的手机和电脑相比，电子阅读器使得电子阅读更具吸引力，它在更大程度上解决了人们对阅读舒适度的要求。虽然电子内容可以恢复，但是和所有电子设备一样，电子阅读器比较容易损坏。

生词 New words

1. 整合 （动） zhěnghé to integrate
2. 产业 （名） chǎnyè industry

3. 生机	（名）	shēngjī	vitality
4. 屏幕	（名）	píngmù	screen
5. 便携	（形）	biànxián	portable
6. 特性	（名）	tèxìng	feature; characteristic
7. 纵观	（动）	zòngguān	to take a sweeping view; to make a general survey
8. 迅猛	（形）	xùnměng	swift and violent
9. 雄厚	（形）	xiónghòu	abundant

学一学 Grammar

纵观 +（名词），……

表示全面观察或者纵向地、历史地观察。

（1）纵观环境事业的发展，很多国家走了一条"先污染后治理"的路。

（2）纵观全球，亚洲的区域合作虽然起步比较晚，但是发展十分迅速。

（3）纵观世界足球发展的历史，每个时代都会有球星作为各个球队的代表。

（4）纵观中国历史，这次对外开放的钥匙是中国人自己掌握的。

练一练 Exercises

1. 连线组成短语

Match and form a phrase

（1）高速　　方式　　　（2）解决　　发展

整合　　增长　　　　迅猛　　优势

显示　　资源　　　　确立　　方案

2. 根据课文内容，选择正确答案

Choose the correct answer according to the text

（1）（　　）给图书出版产业带来了新的活力。

A. 电子阅读器　　B. 亚马逊　　C. 汉王科技　　D. 电子书

（2）跟传统纸质图书相比，电子书的特性是（　　）。

A. 更便携但是不环保　　B. 更便携也更环保

C. 环保但是携带不方便　　D. 既不便携也不环保

（3）电子书最大的卖点是（　　）。

A. 电子书本身　　B. 电子阅读器

C. 通过电子阅读器能够阅读到多种读物　　D. 图书资源

（4）亚马逊能在全球电子书市场占据主要地位的原因是（　　）。

A. 亚马逊的电子阅读器更环保更便携

B. 亚马逊的电子阅读器能使电子阅读更舒适

C. 亚马逊的电子阅读器更便宜

D. 亚马逊拥有丰富的图书资源，而且能迅速将图书内容在kindle上呈现

(5) 与亚马逊相比，汉王科技的特点是(　　)。

A. 采用了预装书的模式，并且还将手写功能与电子阅读器结合

B. 采用网络下载方式，并且还将手写功能与电子阅读器结合

C. 采用了预装书的模式，但是没有将手写功能与电子阅读器结合

D. 没有采用预装书的模式，但是将手写功能与电子阅读器结合

周末总盘点

词汇盘点 Key words extended

色彩	即将	谋生	良好	雄厚
色彩鲜艳	即将到来	谋生手段	成绩良好	财力雄厚
色彩昏暗	即将开始	靠打工谋生	情况良好	国力雄厚
色彩单调	即将结束	外出谋生	良好的习惯	资金雄厚
色彩协调	即将恢复	另谋生路	良好的学习环境	实力雄厚

玩转周末 Fun weekend

猜一猜 Guess

邻居老李家的屋顶为什么有时漏雨，有时不漏雨？

轻松一刻 Easy time

不能看书

一群年轻人在一家旅馆的客房内喝酒狂欢。旅馆的服务员过来对他们说："请你们小声一点儿，隔壁那位先生说他不能看书了。""你去告诉他，"其中一个小伙子说："他不觉得惭愧吗？我5岁就能看书了。"

（改编自站长网）

Cannot Read

A group of young people were drinking in a hotel. A waiter came and said to them: "Please keep in a lower voice. The gentleman of next door can not read now."

"You go to tell him," one of them said "Shouldn't he feel ashamed? I can read when I was five-year old."

在哪儿见过？ Where have you ever seen these pictures?

1. 在北京，要是你想购买图书，你可以去一些大型的图书大厦：

（1）

中关村图书大厦 Zhōngguāncūn Túshū Dàshà Zhongguancun Bookbuilding

（2）

中国海淀图书城 Zhōngguó Hǎidiàn Túshūchéng China Haidian Bookcity

（3）

新华书店 Xīnhuá Shūdiàn Xinhua bookstore

2. 要是你是书店的会员，购买图书的时候一般都能打折。在这些书店办会员卡一般都比较简单，有的只要在服务台交点钱，再填写一张表格就行了。

（1）

（2）

中英文双语读物专台　Zhōngyīngwén shuāngyǔ dúwù zhuāntái
Special units for bilingual books in both Chinese and English

答案 Key to the exercises

星期一

1. (1) 进 (2) 创

2. (1) 进口 (2) 基本上 (3) 概括 (4) 放映 (5) 呈现

星期二

1. (1)

生活	采访
即将	节奏
随机	来临

(2)

销售	翻翻
偶尔	繁忙
工作	图书

2. (1) √ (2) √ (3) × (4) √ (5) ×

星期三

1. (1)

单		谦	
纯	属	虚	构
	于		成

(2)

	微		吃
争	风	吃	醋
论		力	

2. (1) 畅销 (2) 消遣 (3) 待见 (4) 摆平

星期四

1. (1) 接 (2) 固

2. (1) × (2) √ (3) × (4) × (5) √

星期五

1. (1)

高速	方式
整合	增长
显示	资源

(2)

解决	发展
迅猛	优势
确立	方案

2. (1) D (2) B (3) C (4) D (5) A

玩转周末

下雨的时候漏雨，天晴的时候不漏雨

第八周

人间仙境——九寨沟

星期一 Monday

难度:★★ 建议时间:2分钟 字数:321

如何选择合适的旅行方式

出外旅游可选择的旅游方式很多,但概括一下,无非是团体旅游、自助旅游和郊游等方式。

团体旅行

团体旅游的优点:有效地利用时间参观更多的名胜古迹,可以到个人无法去的地方,团体行动比较安全,没有语言的障碍,团体旅游人数多,成本较低,大多数旅游者都比较适合。

自助旅行

自助旅游的优点:自由,可以享受购物,品尝小吃,参观博物馆,名胜古迹等旅游活动。在任何一个景点,可根据自己的需要安排行程,没有时间、行程的限制。

自助郊游

每年春天秋天或是周末闲暇时间,可以三五成群去野外郊游,或爬山,或海边度假,或野外烧烤,乐趣无穷。郊游的时候需要准备很多东西。比如去烧烤时,炭和烤炉是必需的。吃的喝的,喜欢什么就准备什么,肉类、蔬菜、海鲜、啤酒、饮料……只要适合烧烤的都可以。

(改编自生活小百科)

小贴士

夏天,很多人喜欢边吃烧烤(shāokǎo, barbecue)边喝啤酒饮料,这是很不健康的。吃烧烤时最好喝大麦茶(dàmài chá, ptisan)或绿茶,最好是温热的,这样有利于保护肠胃。

生词 New words

1. 名胜古迹　míngshèng gǔjì　places of historic interest and scenic beauty
2. 障碍　（名）　zhàng'ài　an obstacle; a barrier; a block
3. 成本　（名）　chéngběn　the cost; prime cost
4. 三五成群　sān wǔ chéng qún　small huddles; in knots
5. 炭　（名）　tàn　charcoal
6. 烤炉　（名）　kǎolú　an oven; a toaster

学一学 Grammar

1. 无非

副词，表示只、不过。

(1) 别生气了，他无非是发发脾气而已。

(2) 别大惊小怪的，我无非是给他提个醒罢了。

(3) 他们家能有什么钱？无非是他爸妈那点儿退休金。

2. 吃的喝的，喜欢什么就准备什么

"什么"表示任指。两个"什么"前后照应，前者决定后者。

(1) 你想去什么地方就去什么地方。

(2) 你家有什么就吃什么吧。

(3) 准备了什么节目就演什么节目。

练一练 Exercises

1. 根据课文内容完成表格

Complete the form according to the text

旅行方式	优　点	缺　点
团体旅行		
自助旅行		
自助郊游		

2. 判断下面每组中两个句子的意思是否一样（一样的划√，不一样的划×）

Decide whether the two sentences are the same in each group, same(√) or different(×)

(1) A. 大家一听说商店打折，就成群结队地去买东西。

B. 大家一听说商店打折，就三五成群地去买东西。

（2）A. 他出国的事情已经没有阻碍了。

B. 他出国的事情还有一些障碍。

（3）A. 他把会上提的意见，归纳为政治、经济两个方面。

B. 他把会上提的意见，概括为政治、经济两个方面。

星期二 Tuesday

难度：★★★ 建议时间：3分钟 字数：361

厦门鼓浪屿

厦门被称为中国第二个“适合生活的城市”。厦门很干净，几乎没有污染，空气到处都是清新的。到厦门，鼓浪屿是非去不可的。鼓浪屿是厦门的一个卫星岛，与厦门只隔一条宽600米的海峡。鼓浪屿特别干净，像个文化休闲公园，面积不到2平方公里，但容纳了不同的文化。以前英国、美国、法国、德国、日本等13个国家在岛上建立领事馆，因此岛上有很多风格各异的西洋建筑。鼓浪屿有很多景点：日光岩、皓月园、鼓浪石、博物馆、郑成功纪念馆、海底世界等等，都是值得一看的地方。

鼓浪屿没有交通工具，去哪里都用两条腿步行，没有娱乐设施，坐在咖啡馆里看书已是最时尚的都市体验，因为岛上都是老人和小孩，年轻人都出去赚钱去了。这样的小岛，适合静养、散步。

岛上有一条商业街，就和所有旅游胜地的商业街一样，很多商店，人山人海，海鲜干货，特色服饰，布艺手袋，各色旅游纪念品琳琅满目。

（改编自指南针网）

小贴士

左图上的雕塑是郑成功。提起民族英雄郑成功，无人不知，无人不晓，他一生最大的功绩（gōngjì, merits and achievements）就是以武力收复（shōufù, recover (lost territory, etc.)）台湾，结束了荷兰人在台湾38年的殖民统治（zhímín tǒngzhì, colonial rule）。

生词 New words

1. 卫星 （名） wèixīng a satellite
2. 容纳 （动） róngnà to have a capacity of; to contain; to hold
3. 领事馆（名） lǐngshìguǎn a consulate; consular service
4. 人山人海 rén shān rén hǎi huge crowds of people; a sea of people
5. 琳琅满目 línláng mǎn mù dazzling array of beautiful exhibits; a feast for the eyes

专有名词 Proper names

1. 鼓浪屿 Gǔlàng Yǔ Gulangyu Island
2. 日光岩 Rìguāng Yán Sunshine Rock
3. 皓月园 Hàoyuè Yuán Haoyue Park
4. 郑成功纪念馆 Zhèng Chénggōng Jìniànguǎn Zheng Chenggong Memorial in Xiamen
5. 海底世界 hǎidǐ shìjiè the underwater world

学一学 Grammar

1. 特殊—特别

"特殊"为形容词，不一般，不平常，和同类的事物或平常的情况不同。常和"条件、规律、环境、问题"等词一起用。

"特别"为形容词、副词，不普通，和同类、平常的事物非常不一样，还表示非常、尤其。不和"条件、规律、环境、问题"等词一起用。词义比"特殊"重。

	很～	非常～	～情况	情况～	～照顾	～喜欢	～关心	～忙	～漂亮
特殊	√	√	√	√	√	×	×	×	×
特别	√	√	√	√	√	√	√	√	√

（1）我只在特殊场合才穿高跟鞋。
（2）你今天看上去很特别。
（3）我很喜欢北京，特别是北京的小吃。

2. 值得一+V

（1）他有很多优点，特别值得一提的是他心地特别善良。
（2）这个电影值得一看。
（3）北京的胡同是值得一逛的地方。

练一练 Exercises

1. 根据下列解释,在课文中找出相应的表达词语

Find out the appropriate words from the text according to the following explanation

(1) 满眼都是珍贵的东西,形容美好的事物很多。(　　　　)

(2) 形容人聚集得非常多。(　　　　)

2. 根据课文内容,判断正误(正确的划√,错误的划×)

Decide whether the following statements are true(√) or false(×) according to the text

(1) 到厦门一定要去鼓浪屿玩儿玩儿。

(2) 鼓浪屿是厦门的一个小岛,没有海峡相隔。

(3) 厦门与鼓浪屿都特别干净,像个文化休闲公园。

(4) 鼓浪屿的面积超过2平方公里。

(5) 厦门被称为中国第一个"适合生活的城市"。

(6) 因为鼓浪屿上建立了13个国家的领事馆,所以建筑风格也各种各样。

(7) 去鼓浪屿你可以坐公共汽车也可以骑自行车,还可以步行。

(8) 鼓浪屿上都是老人和小孩,因为年轻人都出去赚钱去了。

(9) 如果你想买布艺手袋可以去岛上的商业街。

星期三 Wednesday

难度:★★★　建议时间:4分钟　字数:388

上海经典一日游

线路特色

这是上海最传统、最经典的一条旅游线路。

线路设计

上海博物馆→上海大剧院→人民公园→南京路步行街→外滩。

线路指导

上海博物馆是中国四大博物馆之一,上午九点开门,现在免费开放。青铜器和陶瓷是它的两大特色,还有书法、绘画等展出。

从上海博物馆后门出来往西走两三分钟就看到上海大剧院了。大剧院外形是简洁流畅的几何造型,古典的户外剧场和空中花园也很漂亮。

大剧院出来向北走,约两三分钟就到南京路了,往东再走两三分钟就看到人民公园了。走了半天的路,可以在公园的长椅上休息一会儿,对当代艺术有兴趣的可以看看园内的上海当代艺术馆。

从人民公园出来往东走就是大名鼎鼎的南京路步行街了,你可以在新世界、置地广场等购物,走累了可以搭观光车。

沿着南京东路走到头就是外滩了,从人民广场到外滩是真正的上海市中心,这里的每一个景点都是经典之作。52幢风格各异的大厦见证了旧上海滩的繁华,也见证了上海百年的沧桑巨变。

(改编自携程旅游网)

小贴士

青铜器的颜色真正做出来的时候是很漂亮的,是黄金般的土黄色,因为埋在土里生锈(shēngxiù, to become rusty),才一点一点变成绿色的。由于青铜器完全是由手工制造,每一件都是独一无二、举世无双(jǔ shì wú shuāng, be matchless)的。

生词 New words

1. 青铜器	(名)	qīngtóngqì	bronze ware; bronze vessels
2. 陶瓷	(名)	táocí	pottery and porcelain; ceramics
3. 简洁	(形)	jiǎnjié	concise
4. 流畅	(形)	liúchàng	easy and smooth; fluent
5. 几何	(名)	jǐhé	[Mathematics] geometry
6. 大名鼎鼎		dà míng dǐng dǐng	famous; well-known
7. 见证	(动)	jiànzhèng	to witness
8. 沧桑	(名)	cāngsāng	vicissitudes

专有名词 Proper names

1. 上海大剧院	Shànghǎi Dàjùyuàn	Shanghai Grand Theater
2. 南京路步行街	Nánjīnglù Bùxíngjiē	Nanjing Road Walkway
3. 外滩	Wàitān	Waitan (the Bund), in Shanghai
4. 上海当代艺术馆	Shànghǎi Dāngdài Yìshùguǎn	Shanghai Museum of Contemporary Art
5. 新世界	Xīnshìjiè	a shopping mall in Shanghai
6. 置地广场	Zhìdì Guǎngchǎng	The Landmark

学一学 Grammar

对……有/感兴趣

常用搭配，注意介词用的是“对”。

(1) 他对科学比对艺术更有兴趣。

(2) 我对社会学不感兴趣。

(3) 对中国文化和经济发展感兴趣的海外人士也可能对这种言论感兴趣。

练一练 Exercises

1. 找出下面句子中的反义词

Find out the antonyms in the following sentences

(1) 经过他的讲解，复杂的道理突然简洁明了了起来。(　　)

(2) 二十年不见了，她的脸上写满了沧桑，再也不是当年那个稚嫩的小女孩了。(　　)

(3) 连你这样一位大名鼎鼎的科学家都不知道，我这样的无名小卒就更不知道了。(　　)

(4) 他的演讲很流畅，一点也不磕绊。(　　)

2. 根据课文内容，完成表格

Complete the form according to the text

地方	特　点
上海博物馆	
上海大剧院	
人民公园	
南京路步行街	
外滩	

星期四 Thursday

难度：★★★★　建议时间：4分钟　字数：378

国外旅游忌讳常识

出国旅行，了解一些当地的风俗可能会为您的旅行带来许多方便。这里为您介绍一些国外忌讳的事，可以帮您免去许多不必要的麻烦。

1. 不要议论婴儿的眼睛

中国人夸婴儿总爱说：“看这对水灵灵的大眼睛。”到伊朗您可千万别议论婴儿的眼睛。

2. 女人上街必须戴耳环

到西班牙去旅游，女人上街需要戴耳环，如果没有戴耳环，就会像个正常人没有穿衣服一样，会被人笑话。

3. 千万别打碎玻璃

去匈牙利旅游，无论是住店，还是用餐，千万别打碎玻璃，如果有人不小心打碎了，就会被人认为是要倒霉的先兆，您就成了不受欢迎的人。

4. 讨厌过问私事

如果您去英国旅游，千万不能问别人“您去哪儿，吃饭了吗”这类问题，中国人认为很热情，英国人会认为你很粗鲁。他们讨厌别人过问他们的个人生活，英国人更忌讳别人谈论男人的工资和女人的年龄，就连他家的家具值多少钱也是不该问的，这些都是他个人生活的秘密，绝不允许别人过问。

（改编自潍坊新闻网）

小贴士

中国有56个民族，除了汉族还有55个少数民族。这些少数民族也有很多忌讳，比如回族人不吃猪肉；苗族人不喜欢吃羊肉，忌讳吃狗肉，禁止杀狗、打狗。

生词 New words

1. 忌讳	（名）	jìhuì	a taboo
2. 水灵	（形）	shuǐling	bright and beautiful
3. 笑话	（动）	xiàohua	to ridicule; to laugh at
4. 先兆	（名）	xiānzhào	an omen; a portent; a sign
5. 粗鲁	（形）	cūlǔ	rude; impolite

专有名词 Proper names

西班牙	Xībānyá	Spain

学一学 Grammar

1. 连……也……

“连……也……”表示强调，常见的还有“连……都……”、“连……还……”。

（1）他喝了很多酒，连他自己也说不清楚是怎样走回家的。

(2) 这个问题连老师也不知道怎么回答。

(3) 他连饭也没吃就走了。

2. 千万 — 一定

“千万”是副词，表示“在任何情况下都……”；“千万”用于祈使句，表示命令、嘱咐、请求等，但不能用于主语为第一人称的句子，“一定”则可以。

“一定”除了是副词外还是形容词。

	~注意	~小心	~记着	~别忘了	~别迟到
千万	√	√	√	√	√
一定	√	√	√	√	√

(1) 开车时要注意安全，千万／一定别喝酒。

(2) 你千万／一定别忘了吃药。

(3) 你的生日晚会我一定参加。

练一练 Exercises

1. 根据课文内容，完成表格

Complete the form according to the text

国 家	适合做的事	忌讳的事
伊 朗		
西班牙		
匈牙利		
英 国		

2. 选词填空

Choose the correct words

笑话　粗鲁　忌讳　先兆　水灵

(1) 她长得真漂亮，又_____又可爱。

(2) 乌云是暴风雨的_____。

(3) 他讲的_____把大家都逗乐了。

(4) 她_____别人问她的年龄、婚否、个人收入和财产情况等私事。

(5) 老师因为他们态度_____而惩罚了他们。

星期五 Friday

难度：★★★★★ 建议时间：5分钟 字数：404

四川九寨沟

九寨沟位于四川省北部，距成都约450公里。九寨沟因沟内有九个藏族寨子而得名。它是集"世界自然遗产"、"世界生物圈保护区"、"绿色环球21"三项国际桂冠于一身的世界最大且极负盛名的风景区。

九寨沟门票价格情况及淡旺季时间的划分：

旺季（每年4月1号到11月15号）310元的门票（含观光车费），淡季（每年11月16日至次年的3月31日）160元（含观光车费）。门票价格对持有效证件的学生、现役军人、老年人、残疾人实行优惠，旺季优惠价260元/人（含观光车费），淡季优惠价150元/人（含观光车费）。

九寨沟最佳旅游时间：

10月份是最佳旅游时间。九寨沟的深秋是最绚烂的，山上树木的树叶，除了绿色以外，还呈现出金黄、火红等色彩，非常漂亮，倒映在大大小小的湖泊里，十分迷人。

九寨沟天气及着装建议：

九寨沟一日之内天气变幻无常，常一会儿晴天一会儿雨天，这种情况下雨衣雨伞必须随身带着，建议有可能的话，备上稍微能防水的衣裤，千万不要穿着容易吸水的衣服。

（改编自四川旅游攻略网）

小贴士

如果世界上真有仙境（xiānjìng, a paradise），那肯定就是九寨沟。九寨沟风景名胜区（英文名称：Jiǔzhàigōu, Valley Scenic and Historic Interest Area）1992年根据自然遗产遴选（línxuǎn, to select）标准N(III)被列入《世界遗产名录》（编号：200-008）。

生词 New words

1. 寨子	（名）	zhàizi	a stockaded village
2. 桂冠	（名）	guìguān	a laurel crown
3. 现役	（形）	xiànyì	active; on active duty (or service)
4. 绚烂	（形）	xuànlàn	[Formal] bright and dazzling; splendid; gorgeous

5. 倒映	（动）	dàoyìng	to reflect in the water
6. 防水	（动）	fángshuǐ	waterproof

专有名词 Proper names

1. 九寨沟	Jiǔzhài Gōu	name of a place in Sichuan province in China
2. 藏族	Zàng Zú	Tibetan Nationality
3. 世界自然遗产	Shìjiè Zìrán Yíchǎn	the World Nature Heritage
4. 世界生物圈保护区	Shìjiè Shēngwùquān Bǎohùqū	the World Network of Biosphere Reserves

学一学 Grammar

1. 因……而得名

常用搭配，介绍名字的由来。

(1) 这座桥因它的颜色而得名。

(2) 四川黄龙沟因形状像一条龙而得名。

(3) 戊戌变法因发生在1898年，这年在我国旧历上是戊戌年而得名。

2. 集……于一身

常用搭配，表示某事物或某人有很多特点。

(1) 这种产品集多种功能于一身，是高档产品。

(2) 小丽是一个集聪明、美丽、善良于一身的女孩。

(3) 汉字是一种集音、形、义于一体的文字。

3. 且

并且，而且。

(1) 他很聪明，且十分努力，因此成绩很好。

(2) 我们公司是世界500强企业，且信誉可靠。

(3) 她漂亮且知识渊博。

练一练 Exercises

1. 根据课文内容，选择正确答案

Choose the correct answer according to the text

(1) 如果你是学生，10月1号去九寨沟，你需要付多少钱？

A. 310元　　B. 160元　　C. 150元　　D. 260元

（2）下面关于九寨沟的说法哪一个是错的？
A. 在四川省，距成都约450公里
B. 10月份是最佳旅游时间
C. 是世界自然遗产
D. 有八个藏族寨子而得名

（3）去九寨沟旅游时，哪一个是文章中没有提到的必须带的东西？
A. 雨衣　　B. 雨伞
C. 太阳镜　　D. 稍微能防水的衣裤

（4）下面哪一个不是文章里描写九寨沟的？
A. 世界自然遗产　　B. 人间仙境
C. 绿色环球21　　D. 世界生物圈保护区

2. 给下面的句子排列顺序
Arrange the following sentences in a correct order
（1）这种情况下雨衣、雨伞必须随身带着
（2）千万不要穿着容易吸水的衣服
（3）常一会儿晴天一会儿雨天
（4）九寨沟一日之内天气变幻无常
（5）建议有可能的话，备上稍微能防水的衣裤

_____ → _____ → _____ → _____ → _____

周末总盘点

词汇盘点 Key words extended

障碍	流畅	简洁	沧桑	粗鲁
语言障碍	很流畅	简洁的语言	历尽沧桑	态度粗鲁
突破…的障碍	不流畅	简洁的风格	沧桑岁月	行为粗鲁
认知障碍	流畅的动作	简洁的线条	饱经沧桑	语言粗鲁
越过…的障碍	流畅的语言	回答简洁明了	久经沧桑	举止粗鲁

玩转周末 Fun weekend

你的坐姿是怎样的？
A. 双脚并拢斜倾于一个方向　　B. 跷二郎腿
C. 膝盖靠拢，膝盖以下交叉　　D. 将脚尖相互交叉

轻松一刻 Easy time

美国老羊

一群美国人乘长途汽车在荷兰旅游。他们在一个奶酪场停下来。一位年轻的导游带他们参观了奶酪制作的全过程,解释说用的是羊奶。

她指给这群人一个美丽的山坡,山坡上有许多羊在吃草。对这些,她解释说,这是放逐草地的老羊,它们已不能再产奶。她然后问道:"在美国你们怎样处理老羊呢?"

一位活泼的老绅士回答说:"他们让我们乘车旅行!"

(改编自爱词霸英语网)

Older Goats in America

A group of Americans were traveling by tour bus through Holland. As they stopped at a cheese farm, a young guide led them through the process of cheese making, explaining that goats' milk was used.

She showed the group a lovely hillside where many goats were grazing. These, she explained, were the older goats put out to pasture when they no longer produced. She then asked, "What do you do with your older goats in America?"

A spry old gentleman answered, "They send us on bus tours!"

在哪儿见过? Where have you ever seen these pictures?

1. 这是中国青年旅行社在中关村的一个营业点。中国有名的旅行社有中国国际旅行社、中国旅行社总社和中国青年旅行社。

2. 中国的各个省市都有旅游年票或者旅游年卡,在一年之内参观年票和年卡上写出的地方是免费的。

（一）

刷新你我世界，尽享锦绣江山
Shuāxīn nǐ wǒ shìjiè, jìn xiǎng jǐnxiù jiāngshān
Refresh our world, enjoy the beautiful landscape.

（二）

宜昌	Yíchāng	a city in Wuhan
三峡	Sānxiá	the Three Gorges

3. 旅行社的广告

新品	xīnpǐn	new product
品牌	pǐnpái	brand
热门	rèmén	popular; hot

答案 Key to the exercises

星期一

1.

旅行方式	优　点	缺　点
团体旅行	可以到个人无法去的地方 团体行动比较安全 没有语言的障碍 团体旅游人数多，成本较低	不自由 不能停下来好好享受风景
自助旅行	自由，没有时间、行程的限制	不安全，成本较高，有语言障碍
自助郊游	自由，是一个和家人和朋友联系感情的好机会 享受野外烧烤的乐趣	麻烦，需要带很多东西

2. (1) √　(2) ×　(3) √

星期二

1. (1) 琳琅满目　(2) 人山人海
2. (1) √　(2) ×　(3) ×　(4) ×　(5) ×　(6) √　(7) ×　(8) √　(9) √

星期三

1. (1) 复杂/简明　　(2) 沧桑/稚嫩
   (3) 大名鼎鼎/无名小卒　　(4) 流畅/磕绊

2.

地方	特　　点
上海博物馆	上午九点免费开放，青铜器和陶瓷是它的两大特色，还有书法、绘画等展出
上海大剧院	外形简洁流畅，古典的户外剧场和空中花园也很漂亮
人民公园	园内有上海当代艺术馆
南京路步行街	可以在新世界、置地广场等购物。走累了可以搭观光车
外　滩	52幢大厦风格各异

星期四

1.

国　家	适合做的事	忌讳的事
伊　朗	/	别议论婴儿的眼睛
西班牙	女人上街需要戴耳环	/
匈牙利	/	千万别打碎玻璃
英　国	/	不要问私事

2.（1）水灵　（2）先兆　（3）笑话　（4）忌讳　（5）粗鲁

星期五

1.（1）D　（2）D　（3）C　（4）B

2. 4→3→1→5→2

玩转周末：

选A：对于工作，你竭尽所能做得比别人更好；对于爱人，如果不是一个真正优秀的人，很难入你的慧眼。

选B：你渴求一份美满的爱情，却绝对缺少抓住爱情的勇气。

选C：你是个率性而没有心机的人，你还不知道什么是爱情。

选D：你是个相当拘谨而含蓄的人，你期盼着爱情的到来，静待着那个欣赏你的人出现。

第九周

新闻简讯两则

星期一 Monday

难度:★★　建议时间:2分钟　字数:309

新闻简讯两则

1. 青海玉树发生地震

北京时间2010年4月14日,中国青海省玉树县7时49分发生了7.1级强烈地震。截至北京时间13时,地震已造成300人遇难,另有8000多人受伤。伤亡损失数据还有可能增加。震中及附近地区的通信、交通和水电供应大面积中断。据目击者通过手机向新华社记者说,地震后街上到处都是流着鲜血的民众,大部分房屋已经倒塌,不少民众被埋于废墟之下,未倒塌的房屋也多数出现裂缝,在余震中不断摇晃,震区还发生了多起火灾事故。

2. 北京再遭雷雨突袭,局部暴雨

6月1日傍晚,北京市再次遭遇雷雨袭击,一时间电闪雷鸣、暴雨如注。当日,北京市气象台于16时25分发布雷电黄色预警信号:预计未来6小时内,北京自西北向东南方向将出现雷阵雨天气,局部地区会有短时暴雨。

(改编自新浪网)

小贴士

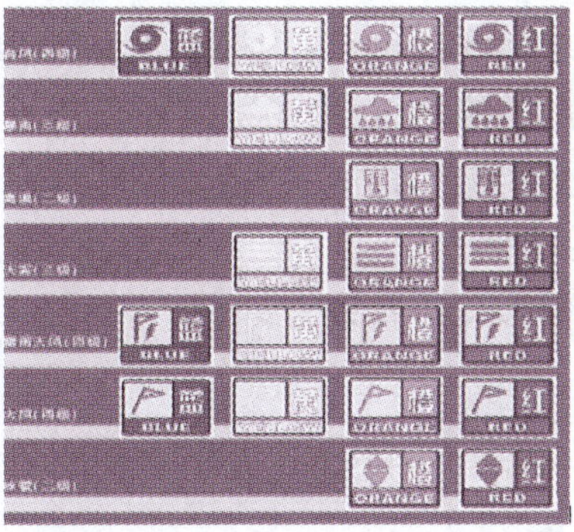

预警信号分为台风、暴雨、暴雪、寒潮(háncháo, a cold wave)、大风、沙尘暴、高温、干旱、雷电、冰雹(bīngbáo, hail; hailstones)、霜冻(shuāngdòng, frost)、大雾(dàwù, dense fog)、霾(mái, haze)、道路结冰(jiébīng, to freeze; to ice (sth.) over (or up))等。预警信号的级别依据气象灾害可能造成的危害程度、紧急程度和发展态势一

般划分为四级：Ⅳ级（一般）、Ⅲ级（较重）、Ⅱ级（严重）、Ⅰ级（特别严重），依次用蓝色、黄色、橙色和红色表示，同时用中英文标识。

生词 New words

1. 截至 （动） jiézhì up to (a time)
2. 遇难 （动） yùnàn to die in an accident
3. 损失 （名） sǔnshī a (financial, etc.) loss
4. 数据 （名） shùjù data; statistics
5. 通信 （名） tōngxìn correspondence
6. 中断 （动） zhōngduàn to break off; to go off
7. 目击者 mùjīzhě an eyewitness; a witness
8. 废墟 （名） fèixū ruins (of a city, castle, etc.)
9. 裂缝 （名） lièfèng a crack; a fissure
10. 摇晃 （动） yǎohuàng to shake; to waver
11. 袭击 （动） xíjī to attack by surprise; to raid

专有名词 Proper names

1. 青海省 Qīnghǎi Shěng Qinghai, western Chinese province
2. 玉树县 Yùshù Xiàn Yushu County in Qinghai province

学一学 Grammar

1. 遭遇—遭受

“遭遇”是名词，表示遇到的不幸的事情；也可以是动词，表示遇到不幸的或不顺利的事情，比如“遭遇困难／雷雨袭击”等。

“遭受”是动词，一般要带宾语，比如“遭受打击”、“遭受破坏”等。

(1) 得知他的不幸遭遇后，大家都很同情他。

(2) 这次考试的失败使她的精神遭受了很大的打击。

(3) 他在工作中遭遇了不少困难。

	～挫折	～水灾	～不幸	～打击	～苦难	～损失	～失败	共同的～	历史～
遭受	√	√	√	√	√	√	√	×	×
遭遇	√	√	√	√	×	×	×	√	√

2. 到处—处处

“到处”表示所到之处，各个地方。

“处处”表示各个地方或各个方面、每一件事。可以说“时时处处”。

（1）他处处与我作对。

（2）这个新工作对我来说处处称心如意。

（3）我到处找那本书都没有找到，没想到在你这儿。

（4）春天，公园里到处都开满了鲜花。

练一练 Exercises

1. 根据课文内容完成表格

Complete the form according to the text

地震地点	地震时间	震级	遇难人数	受伤人数	中断	房屋

2. 判断下面每组中两个句子的意思是否一样（一样的划√，不一样的划×）

Decide whether the two sentences are the same in each group, same(√) or different(×)

（1）A. 截至今天上午，已经有近五百人看了画展。

B. 到今天上午为止，已经有近五百人看了画展。

（2）A. 两国间贸易因战争而中断。

B. 两国间贸易因战争而停止。

（3）A. 地震后这座楼房没有倒塌。

B. 地震后这座楼房仍然矗立着。

星期二 Tuesday

难度：★★★　建议时间：2.5分钟　字数：328

第63届法国戛纳国际电影节平淡开幕

2010年5月第63届法国戛纳国际电影节于当地时间12日晚在美丽的法国海滨城市戛纳正式拉开帷幕。为期12天的电影节期间，包括中国导演王小帅作品《日照重庆》在内的19部影片将在这里一决高下，争夺本届电影节最高奖——金棕榈奖。不过，缺少耀眼明星、照搬往年程序，今年戛纳电影节的开幕仪式显得有些平淡。

当地时间12日傍晚，距离电影节开幕式举行还有近两个小时，戛纳电影宫门前早已人山人海，从世界各地聚集到这里的影迷期待能够一睹明星的风采，同时感受戛纳的节日热情。不过，今年仅持续了不到半个小时的"明星走红地毯"活动令影迷感到有些失望。

然而，法国文化部长密特朗却对戛纳电影节给予了很高评价。他在接受媒体采访时说，每年世界电影都会在戛纳实现一次大聚会，这里不仅有欢乐的相聚，更有严肃的艺术。

（改编自凤凰网）

小贴士

戛纳电影节创建于1939年。由于二战爆发，直到1946年第一届电影节才得以举行。此后，除少数年份外，戛纳电影节每年举办一次，是全球规模最大的国际性电影节之一。

生词 New words

1. 平淡	（形）	píngdàn	wateriness ; dull;
2. 帷幕	（名）	wéimù	a heavy curtain
3. 为期	（动）	wéiqī	lasting (a certain time)
4. 一决高下		yì jué gāo xià	compete for championship
5. 照搬	（动）	zhàobān	to copy; to imitate
6. 睹	（动）	dǔ	to see; to observe
7. 风采	（名）	fēngcǎi	elegant demeanor (or appearance)
8. 给予	（动）	jǐyǔ	[Formal] to give; to render; to offer
9. 严肃	（形）	yánsù	solemn

专有名词 Proper names

1. 第63届法国戛纳国际电影节　Dì Liùshísān Jiè Fǎguó Jiánà Guójì Diànyǐng Jié　the 63rd Cannes International Film Festival
2. 金棕榈奖　Jīn Zōnglǘ Jiǎng　Golden palm

学一学 Grammar

拉开帷幕

表示事情的开始。

(1) 哈尔滨的冰雪节，在每年的1月5日正式拉开帷幕，一直延续到2月中旬。

(2) 全市最大的美食节即将在此拉开帷幕。

(3) 首届“乐天杯”中韩围棋对抗赛今天在韩国第二大城市釜山拉开帷幕。

练一练 Exercises

1. 根据课文内容，选择正确答案

Choose the correct answer according to the text

(1) 这篇文章的内容是关于什么的？

A. 金棕榈奖　　B. 戛纳国际电影节平淡开幕

C. 明星走红地毯　　D. 影迷感到有些失望

(2) 下面哪一个是错的？

A. 一共有19部影片参与戛纳国际电影节

B. 持续了半个多小时的“明星走红地毯”活动令影迷感到有些失望

C. 因为缺少耀眼明星、照搬往年程序，所以今年戛纳电影节的开幕仪式显得有些平淡

D. 法国文化部长密特朗却对戛纳电影节给予了很高评价

2. 选词填空

Choose the correct words

平淡　人山人海　给予　严肃　风采　一决高下　为期

(1) 这些年他______了我很多的帮助。

(2) 他们两个决定在乒乓球场上______。

(3) 他终于有机会得以一睹外部世界的______。

(4) 当选举结果出来时，市政大厅外______，大家疯狂地欢呼。

(5) 她和我面对面地坐着，一脸______。

(6) 他们签订了一个______两年的合同。

(7) 他们婚后的生活很______。

星期三 Wednesday

难度：★★★ 建议时间：3.5分钟 字数：356

意大利争议国脚表卫冕决心 去南非为捍卫世界冠军荣誉

第十九届世界杯将于2010年6月11日到7月12日在南非举行。随着比赛日期的临近，为了让自己的球队尽早地进入状态，各国都积极地进行有针对性的热身比赛。球迷的热情也慢慢地高涨起来，世界杯的气氛越来越浓了，关于冠军归属的各种预测也都开始了。卫冕冠军意大利国脚、现效力于AC米兰的边后卫赞布罗塔表示，球队去南非绝不是走过场，而是为了最后得冠军。

意大利国家队主帅里皮在队员的选择上引起了巨大争议。卫冕冠军已并非南非世界杯的夺冠热门球队，但是米兰后卫赞布罗塔向媒体表示：我们仍旧是世界冠军，我们去南非就是为了捍卫自己的荣誉。卫冕将会非常困难，因为和四年前相比，强队更多了，但是我们有希望也有信心。

赞布罗塔本赛季的表现与巅峰时期相差很多，在米兰队内甚至沦为小将阿巴特的替补，但是里皮依旧对早已过了巅峰期的爱将给予了无比的信任。

（改编自新浪网）

小贴士

世界杯奖杯是流动奖品，谁得了冠军，可把金杯保存4年，到下一届比赛前交还给国际足联，以便发给新的世界冠军。

生词 New words

1. 卫冕 （动） wèimiǎn to defend one's championship
2. 热身 （动） rèshēn (of athletic activities) to warm up
3. 高涨 （形） gāozhǎng upsurge; (tensions, etc.) run high
4. 国脚 （名） guójiǎo player of the national football team
5. 后卫 （名） hòuwèi [Sports] a backfielder; the guard

6. 走过场		zǒu guòchǎng	to do something perfunctorily or superficially
7. 主帅	（名）	zhǔshuài	chief commander
8. 争议	（动）	zhēngyì	(a) debate; (a) controversy
9. 捍卫	（动）	hànwèi	to defend; to guard
10. 荣誉	（名）	róngyù	honor; glory
11. 巅峰	（名）	diānfēng	the highest point; a summit; a climax
12. 替补	（名）	tìbǔ	substitute

专有名词 Proper names

1. AC米兰	AC Mǐlán	Associazione Calocio Milan
2. 赞布罗塔	Zànbùluótǎ	Gianluca Zambrotta
3. 里皮	Lǐpí	Marcello Lippi
4. 阿巴特	Ābātè	Ignazio Abate

学一学 Grammar

1. 与……相差（很多／无几／数字+量词）

常用搭配，表示相差的程度。

(1) 纽约的生活节拍与伦敦人相差五小时。

(2) 我与小明相差不到一岁，他却已经是爸爸了，而我还没有结婚。

(3) 公务员的工资与企业白领相差很多。

2. 在……上引起……

常用搭配，表示在某一方面产生了一定的后果。

(1) 他们兄弟之间在如何解决问题上引起了纠纷。

(2) 如果他们能在思想感情上引起大家的共鸣，还有什么事情难得倒他们？

(3) 印刷术的发明在社会上引起了重大的变化。

练一练 Exercises

1. 指出下列句子是什么意思

Choose the best definitions for the following sentences

(1) 球队去南非绝不是走过场，而是为了最后的冠军。

A. 球队去南非就是去玩儿玩儿，不是为了最后的冠军

B. 为了最后的冠军，球队去南非要努力踢球

C. 球队去南非是为了走过场也为了最后的冠军

（2）我们仍旧是世界冠军，我们去南非就是为了捍卫自己的荣誉。

A. 我们已经不是世界冠军了，我们去南非是为了拿到世界冠军

B. 我们是旧的世界冠军，我们去南非是为了拿到世界冠军

C. 我们现在还是世界冠军，我们去南非就是为了保住我们的冠军称号

（3）卫冕将会非常困难，因为和四年前相比，强队更多了，但是我们有希望也有信心。

A. 保住我们的冠军称号会非常困难，但是我们有希望也有信心

B. 继续做冠军会很难，因为和四年前相比强壮的更多了，即使没有希望我们也有信心

C. 卫冕将会非常困难，我们没有信心和希望

2. 连线组成短语

Match and form a phrase

（1）捍卫	争议	（2）走	信任
引起	状态	气氛	未来
进入	高涨	预测	过场
热情	荣誉	给予	浓

星期四 Thursday

难度：★★★　建议时间：4分钟　字数：375

冰岛火山灰波及整个欧洲，欧洲航空业每日损失过亿

2010年4月14日，冰岛埃亚菲亚德拉冰盖冰川火山喷发，形成大量火山灰，威胁到欧洲航空飞行安全，导致多个国家大量机场关闭，航班取消，欧洲地区空中交通目前已受到严重干扰。

对乘客来说，火山灰带来的最严重问题是出行计划和时间受到影响；而对航空业本身而言，则是更致命的经济损失。这场持续几天的航空管制，不但使他们失去大量运营收入，股价也大受影响。国际航空运输协会发言人表示，按照目前的影响来看，他们估计欧洲航空业每天的收入损失高达1.48亿欧元。

巴黎分析人士认为，仅法航一家，每天的损失就有3000万欧元，而英航则是2500万欧元，此外，德国航空部门每天将损失5000万欧元。

为了应对巨大的损失，芬兰航空公司已经制订计划，如果情况持续两周仍得不到好转，他们将停止向员工发放薪水，以使目前每天200万欧元的损失减半。欧洲业内人士还警告说，由于巨大的财政损失，一些小型航空公司甚至会面临生存危机。

（改编自新华网）

小贴士

中国的主要航空公司有：CA 中国国际航空公司（国航）Air China；MU 中国东方航空公司（东航）China Eastern Airlines；CZ 中国南方航空（集团）公司（南航）China Southern Airlines。

生词 New words

1. 喷发	（动）	pēnfā	to erupt
2. 火山灰	（名）	huǒshānhuī	[Geology] (of volcano) ash
3. 威胁	（动）	wēixié	to threaten; to menace
4. 干扰	（动）	gānrǎo	to interference
5. 致命	（动）	zhìmìng	fatal; deadly
6. 管制	（动）	guǎnzhì	to control; to restrain
7. 股价	（名）	gǔjià	share price; stock price
8. 好转	（动）	hǎozhuǎn	to turn for the better
9. 薪水	（名）	xīnshuǐ	a salary; wages
10. 危机	（名）	wēijī	a crisis

专有名词 Proper names

1. 冰岛	Bīngdǎo	Iceland
2. 国际航空运输协会	Guójì Hángkōng Yùnshū Xiéhuì	International Air Transport Association (IATA)

学一学 Grammar

1. 则

表示对比，常和“而”连用，做状语。

（1）他晚上喜欢上网聊天，而我则不同，我喜欢看书学习。

（2）这篇文章太长，另一篇文章则太短。

（3）他把好的给妻子吃，而自己则吃剩饭。

2. 按照……来看

常用搭配，表示根据……来判断。

（1）按照以往的经验来看，他这次谈恋爱是认真的。

（2）按照目前的形势来看，投资房地产是不明智的。

（3）按照现在的进度来看，咱们完全可以提前完成任务。

练一练 Exercises

1. 选词填空

Choose the correct words

危机　危险

(1) 地震时,他冒了很大的_____去救你。

(2) 中国将一如既往继续为寻求和平解决海湾_____不懈努力。

(3) 这次金融_____对中国的影响不是很大。

损失　丢失

(4) 他们在经济危机时遭受了巨大的_____。

(5) 我的_____谁来赔偿?

(6) 我因为_____了钥匙,无法开门。

2. 根据课文内容,判断正误(正确的划√,错误的划×)

Decide whether the following statements are true(√) or false(×) according to the text

(1) 冰岛火山喷发导致多个国家大量机场关闭,航班取消。

(2) 火山灰给乘客带来的最严重问题是出行计划和时间受到影响。

(3) 航空管制,不但使航空业失去大量运营收入,不过股价没有受到影响。

(4) 法国航空公司每天的损失有2500万欧元。

(5) 英国航空公司每天的损失有3000万欧元。

(6) 芬兰航空公司每天的损失有200万欧元。

(7) 如果芬兰航空公司停止向员工发放薪水,那么他们每天的损失是100万欧元。

(8) 由于巨大的财政损失,一些小型航空公司可能会倒闭。

星期五 Friday

难度:★★★　建议时间:3.5分钟　字数:368

胡锦涛在美国耶鲁大学发表重要演讲

2006年4月,国家主席胡锦涛21日上午访问了世界著名高等学府美国耶鲁大学,11时45分,胡锦涛在耶鲁大学校长莱文陪同下步入大厅,全体起立,热烈鼓掌。在热烈的掌声中,胡锦涛发表了重要演讲。演讲会在耶鲁大学古朴的斯普拉格礼堂举行。灯火通明的礼堂里,座无虚席,主席台两侧竖立着中美两国国旗。与会的600多名耶鲁大学师生和其他人士早早就座,等待胡锦涛发表演讲。

演讲结束后，胡锦涛还回答了耶鲁大学师生的提问。胡锦涛的精彩演讲和答问赢得全场师生阵阵热烈的掌声和会心的笑声。演讲结束时，全体再次起立，对胡锦涛的演讲报以长时间的掌声。

莱文在主持演讲会时说，耶鲁大学师生对胡锦涛主席的到访表示热烈欢迎，胡锦涛以实际行动体现了中国尊师重教的优良传统，中国过去20多年的快速发展在很大程度上归功于对教育的重视。他表示，希望进一步加强耶鲁大学同中国在教育、文化等领域的交流合作。

（改编自人民网）

小贴士

人民日报
胡锦涛在参加江苏代表团审议时强调
努力把党的十七大精神落到实处
切实推动经济社会又好又快发展
十一届全国人大一次会议在京开幕

如果你想了解中国政府和地方政府的政策和态度，想了解中国政治、经济、文化等方面的主要情况，你可以阅读《人民日报》、《光明日报》。比较受中国年轻人喜欢的报纸有《环球时报》、《北京青年报》、《京华时报》、《精品购物指南》等。

生词 New words

1. 陪同	（动）	péitóng	to accompany
2. 古朴	（形）	gǔpǔ	of primitive simplicity; be simple and unsophisticated
3. 通明	（形）	tōngmíng	brightly lit
4. 座无虚席		zuò wú xū xí	All seats are occupied.
5. 竖立	（动）	shùlì	to erect; to rise
6. 会心	（动）	huìxīn	understanding; knowing
7. 到访	（动）	dàofǎng	to visit
8. 实际	（形）	shíjì	practical; realistic
9. 加强	（动）	jiāqiáng	to strengthen; to enhance
10. 领域	（名）	lǐngyù	a field

专有名词 Proper names

耶鲁大学	Yēlǔ Dàxué	Yale University

学一学 Grammar

1. 归功于

把功劳归于（某个人或集体）。

（1）中国经济的快速发展，在很大程度上归功于30年的改革开放。

（2）我们党的胜利，首先和最主要地要归功于人民群众对于我们的信任和支持。

（3）幸福的人总是把成功归功于他们的勤奋和美德。

2. A加强同B在……领域的合作

常用搭配。

（1）中国愿意进一步加强同发达国家在经济、文化领域的合作。

（2）中国愿加强同拉美国家在交通、信息通信、水利、水电等基础设施领域的合作。

（3）中国将加强同法国在新能源和低碳技术等领域的合作。

练一练 Exercises

1. 给下面的句子排列顺序

Arrange the following sentences in a correct order

（1）胡锦涛回答了耶鲁大学师生的提问。

（2）胡锦涛在耶鲁大学校长莱文陪同下步入大厅。

（3）胡锦涛在耶鲁大学发表演讲。

（4）演讲结束时，全体再次起立，对胡锦涛的演讲报以长时间的热烈掌声。

（5）莱文希望进一步加强耶鲁大学同中国在教育、文化等领域的交流合作。

（6）600多名耶鲁大学师生和其他人士早早就座，等待胡锦涛发表演讲。

_____ → _____ → _____ → _____ → _____ → _____

2. 选词填空

Choose the correct words

举行　举办

（1）他们_____了一次音乐会，把收入捐给了慈善机构。

（2）他两年前参加了北京大学_____的MBA辅导班。

（3）美国全国各地都_____了纪念9.11死难者的活动，其中有在大教堂里_____的宗教纪念仪式，也有在小镇临时纪念馆里_____的纪念活动。

加强　增强

（4）我需要_____锻炼和改变饮食来_____体质。

（5）他的一番话使我_____了信心和勇气。

（6）我们的目标是进一步_____两国之间的友好关系。

周末总盘点

词汇盘点 Key words extended

袭击	加强	捍卫	严肃	好转
恐怖袭击	加强身体素质	捍卫自由	严肃的态度	情况好转
遭受……袭击	加强党的领导	捍卫荣誉	严肃的表情	病情好转
袭击某人	加强团结	捍卫主权	严肃的气氛	形势好转
突然袭击	加强爱国主义教育	捍卫真理	严肃处理	经济状况好转

玩转周末 Fun weekend

测测你生命中最重要的是什么

一男子A与妻子B结婚多年，但没有孩子。某天，B发现了A有外遇（wàiyù of a married person having extramarital relations），并见到了第三者C，于是毅然（yìrán without hesitation）决定与A离婚。同时，C发现A原来是已婚人士后，也与A分手并出国游学。这之后，A又与女子D结婚并选择向她隐瞒一切。婚后两人非常恩爱，并生下了一子E。在A、B、C、D、E五人中，你觉得谁最幸福，请从高到低进行排序。

轻松一刻 Easy time

中间战术

三个互相争生意的商店老板在一条商业街上租用了毗邻的店铺，旁观者等着瞧好戏。

右边的零售商挂起了巨大的招牌，上书："大减价！""特便宜！"

左边的商店挂出了更大的招牌，声称："大砍价！""大折扣！"

中间的商人随后准备了一个大招牌，上面只简单地写着："入口处。"

（改编自恒谦教育网）

Midway Tactics

Three competing store owners rented adjoining shops in a mall. Observers waited for mayhem to ensue.

The retailer on the right put up huge signs saying, "Gigantic Sale!" and "Super Bargains!"

The store on the left raised bigger signs proclaiming, "Prices Slashed!" and "Fantastic Discounts!"

The owner in the middle then prepared a large sign that simply stated, "ENTRANCE"

在哪儿见过？ Where have you ever seen these pictures?

1.

甘肃省人民政府新闻办公室

Gānsù Shěng Rénmín Zhèngfǔ Xīnwén Bàngōngshì

The Information Office of Gansu Provincial People's Government

2. 中国中央电视台（CCTV）每天晚上19:00准时播放新闻联播，除了网络、报纸，它是中国人了解中国、了解世界重要的窗口之一。

3. 这是个新闻记者证：

记者证	jìzhě zhèng	a press card

4. 每年的11月8日是中国的记者节。记者节像护士节、教师节一样，是中国仅有的三个行业性节日之一。记者节是一个不放假的工作节日。

答案 Key to the exercises

星期一

1.

地震地点	地震时间	震级	遇难人数	受伤人数	中断	房屋
中国青海省玉树县	北京时间4月14日7时49分	7.1级	300	8000多人	通讯、交通和水电供应	倒塌或出现裂缝

2.（1）√　（2）√　（3）√

星期二

1.（1）B　（2）B

2.（1）给予　（2）一决高下　（3）风采　（4）人山人海
（5）严肃　（6）为期　（7）平淡

星期三

1.（1）B　（2）C　（3）A

2.（1）捍卫　争议　　（2）走　信任
引起　状态　　气氛　未来
进入　高涨　　预测　过场
热情　荣誉　　给予　浓

星期四

1.（1）危险　（2）危机　（3）危机　（4）损失　（5）损失　（6）丢失

2.（1）√　（2）√　（3）×　（4）×　（5）×　（6）√　（7）√　（8）√

星期五

1. 6→2→3→4→1→5

2.（1）举办　（2）举办　（3）举行、举行、举行
（4）加强、增强　（5）增强　（6）加强

玩转周末：

在这五人中，A代表金钱，B代表事业，C代表友情，D代表爱情，E代表亲情，对照你的答案，可以看出它们在你的生命中，到底哪一个最重要。

第十周

798？去酒吧？

星期一 Monday

难度：★★　建议时间：2.5分钟　字数：358

欧洲街头的行为艺术

在欧洲旅行，你会见到一些穿着各种鲜艳颜色或怪异服装的人。他们大多站在一个高台上，前面放着一个小纸盒或小木盒。他们有的看起来像天使，有的看起来像神父，还有的看起来像公主或王子等各种人物。在行人的注视下他们静静地站在那里，偶尔眨一眨眼，换一种表情，或伸一伸胳膊，改变一下姿势。如果不注意，你真会把他们当成是一座座逼真的人物雕像。

人们经过他们前面时，都会不由自主地停下脚步，好奇而又吃惊地细细打量他们，心里想这是真的人还是假的人？待确认是真的后，有的行人便笑着在他们前面的小盒内投进几个硬币。还有的小孩在父母的鼓励下，迟疑地拿着硬币，走到小盒面前，小心地丢下钱后就急忙跑回到了父母身边。他们已经成为城市街头的一道风景线。这些街头艺术家们的天分是很高的，他们似乎并不是为了金钱才这样做，他们更需要的是游人能停下脚步来欣赏他们。

（改编自搜狐网）

小贴士

20世纪80年代，行为艺术才进入中国。整体上来说，行为艺术在中国没有西方那么流行。

生词 New words

1. 鲜艳　（形）　xiānyàn　bright-colored
2. 怪异　（形）　guàiyì　weird

3. 天使	（名）	tiānshǐ	an angel
4. 神父	（名）	shénfù	[Religion] a Catholic father; a priest
5. 逼真	（形）	bīzhēn	vivid; lifelike; almost real
6. 不由自主		bù yóu zì zhǔ	cannot help doing sth
7. 打量	（动）	dǎliang	to look sb. up and down
8. 迟疑	（形）	chíyí	hesitant; shy
9. 天分	（名）	tiānfèn	genius; gift; talent

学一学 Grammar

1. 在……的注视下

常用搭配。

（1）在他目不转睛的注视下，她脸红了。

（2）他迟到了，在众人的注视下，他尴尬地走进了会议室。

（3）在他们惊讶的注视下，我走上了领奖台。

2. 在……的鼓励下

常用搭配。

（1）在老师的鼓励下，他的汉语说得越来越好。

（2）在妻子的鼓励下，他终于成功了。

（3）在政府的鼓励下，企业尝试创造更多科技含量高的产品。

3. 成为……风景线

常用搭配，成为某地的景观、景象。

（1）鸟巢和水立方成为北京一道亮丽的风景线。

（2）老年志愿者成为上海世博会一道独特的风景线。

（3）让户外广告成为城市一道美丽的风景线。

练一练 Exercises

1. 根据课文内容，选择正确答案

Choose the correct answer according to the text

（1）这篇文章的内容是关于什么的？

A. 旅行　　B. 街头的行为艺术

C. 人物雕像　　D. 游客

（2）下面哪一个是错的？

A. 很多街头艺术家穿着鲜艳颜色或怪异的服装

B. 在欧洲旅行，经常能看见街头艺术家

C. 很多街头艺术家主要是为了挣钱

D. 街头艺术家已经成为城市街头的一道风景线

2. 判断下面每组中两个句子的意思是否一样(一样的划√,不一样的划×)

Decide whether the two sentences are the same in each group, same(√) or different(×)

(1) A. 他迟疑了一会儿才答应我的请求。

B. 他犹豫了一会儿才答应我的请求。

(2) A. 他偶尔去健身馆锻炼身体。

B. 他经常去健身馆锻炼身体。

(3) A. 看到这感人的情节时,我不由自主地流下了眼泪。

B. 看到这感人的情节时,我情不自禁地流下了眼泪。

(4) A. 桂林的另一特点是其形态怪异的岩洞。

B. 桂林的另一特点是其形态奇特的岩洞。

(5) A. 这条围巾的颜色很鲜艳。

B. 这条围巾的颜色很素净。

星期二 Tuesday

难度:★★★　建议时间:3分钟　字数:321

798艺术区

在北京的东北角,有一个以20世纪50年代建成的工厂命名的艺术区,这就是798艺术区。它位于北京朝阳区酒仙桥大山子地区,又称大山子艺术区(DAD—Dashanzi Art District)。

从2001年开始,来自北京周边和北京以外的艺术家开始集聚798厂,他们以艺术家独有的眼光发现了这里的独特优势。他们充分利用原有厂房的风格,稍做装修,就变成富有特色的艺术展示和创作空间。现在798已经引起了国内外媒体和大众的广泛关注,并已成为了北京都市文化的新地标。

整个厂区规划有序,建筑风格独特,吸引了许多艺术家前来工作定居。到目前为止,至少有300位以上的艺术家居住在798艺术区或者以798艺术区为自己的主要艺术创作空间,其中还有一些来自国外的艺术家,他们分别来自法国、美国、比利时、荷兰、澳大利亚、韩国、新加坡等。

(改编自百度百科)

小贴士

798除了画廊，还有酒吧、餐馆、服装店、书店、瑜珈中心等等。非常有名的北京大山子国际艺术节（DIAF—Dashanzi International Art Festival）就在798艺术区举办。2003年，798艺术区被美国《时代》周刊评为全球最有文化标志性的22个城市艺术中心之一。

生词 New words

1. 集聚	（动）	jíjù	to gather; to assemble
2. 优势	（名）	yōushì	predominance; advantage
3. 装修	（动）	zhuāngxiū	to decorate
4. 展示	（动）	zhǎnshì	to exhibit
5. 创作	（动）	chuàngzuò	to create
6. 媒体	（名）	méitǐ	media
7. 地标	（名）	dìbiāo	[Navigation] land mark
8. 规划	（动）	guīhuà	to map out; to draw up
9. 建筑	（名）	jiànzhù	architecture

专有名词 Proper names

酒仙桥	Jiǔxiānqiáo	Jiuxianqiao Street in Chaoyang District

学一学 Grammar

1. 以……命名

常用搭配，用于介绍名称的由来。

（1）周杰伦的最新专辑是以他妈妈的名字命名的。

（2）这座桥是以它的颜色命名的。

（3）星座的名称大多以飞禽走兽及一些古代神话中的人物来命名的。

2. 引起……的关注

常用搭配，表示引起……的关心和重视。

（1）大学生的就业问题引起了教育主管部门的普遍关注。

（2）由于投资环境的改善，上海浦东地区引起海内外投资者的关注。

（3）环境污染问题引起了当地政府的广泛关注。

3. 到……为止

常用搭配,多用于表示时间或进度的截止或终止。

(1) 他一直坚持到被救出为止。

(2) 到10月20日为止,他已经为找工作四处奔波了三个月。

(3) 到上周末为止,为灾区的捐款已经达到八千万。

练一练 Exercises

1. 根据课文内容,判断正误(正确的划√,错误的划×)

Decide whether the following statements are true(√) or false(×) according to the text

(1) 798艺术区又叫大山子艺术区。

(2) 798艺术区在北京的东南角。

(3) 798以前是一个工厂,后来才成为艺术区。

(4) 北京的新地标不是798艺术区。

(5) 很多艺术家去798工作和定居是由于整个厂区规划有序,建筑风格独特。

2. 选词填空

Choose the correct words

装修　从事　关注　规划　展示

(1) 她打算毕业后______教育工作。

(2) 他向我们______了他的最新研究成果。

(3) 北京的城市______还需要进一步完善。

(4) 我们对自己的______过多,以至于没有足够的时间去______需要______的人们。

(5) 我们家新买的房子,还没有______。

星期三 Wednesday

难度:★★★　建议时间:3分钟　字数:331

跟我学剪纸

先准备好剪纸材料。常用的剪纸材料:纸,初学者可先用一般的红纸,剪熟练了,搞创作了,再用贵一点儿的好纸。其他如刀、橡皮、铅笔和尺子等。

一、双喜字

1. 准备一张正方形红纸,对折,然后再折,折完后我们横着看,是一个"W"形状。

2. 初学者要把喜字的结构用笔描出来,这是很关键的。以后熟练了可以不描,直接剪就行。

3. 把上一部分重叠起来剪,剪好后打开。

4. 再把下面的部分重叠起来剪,剪后打开。

5. 展开折的部分,就会成一个双喜字。

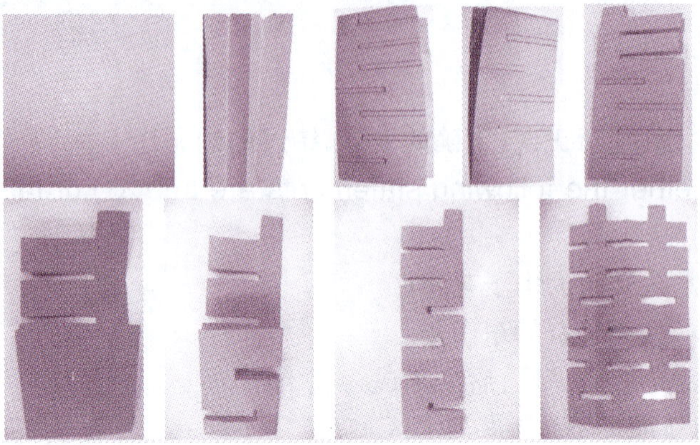

二、中国结

1. 取正方形红纸一张。

2. 对角第一次折。

3. 对角第二次折。

4. 对角第三次折。

5. 第四次对角折时,需在底边留出0.3—0.5厘米,然后再对齐折叠第五次。

6. 在折好的等腰直角三角形上剪下一个小等腰直角三角形。

7. 打开到图示状态,剪去所示部分,打开就是。

(改编自《老年生活报》)

小贴士

常见的剪纸图案有:四灵:龙、凤、麒麟(qílín a kylin; a (Chinese) unicorn)、乌龟(wūguī tortoise);四兽:狮子、老虎、大象、豹子(bàozi a leopard);剪纸文字有“福、壽、喜、寶、萬”及“四季发财”、“万事如意”等词语。

生词 New words

1. 正方形 (名) zhèngfāngxíng a square
2. 对折 (动) duìzhé double back
3. 重叠 (动) chóngdié to overlap

4. 对齐	（动）	duìqí	to align; to aline
5. 所示		suǒshì	shown

学一学 Grammar

1. 创作—创造

“创作”表示写出文艺作品。

“创造”的对象是有重要意义的抽象事物，常和“奇迹、形象、记录、历史”等词一起用。

（1）她最近又创作了一部小说。

（2）奥运会上，他创造了新的世界纪录。

（3）他相信上帝创造了世界。

2. 重复—反复—重叠

“重复”表示（相同的东西）又一次出现，照原来的样子再来一次或几次。不能表示思想、态度等。有ABAB重叠式，如“重复重复”。

“反复”表示一遍又一遍，多次重复，但不一定是照原来的样子。可以表示思想、态度等。有AABB重叠式，如“反反复复”。

“重叠”表示相同的东西合在一起。有AABB重叠式，如“重重叠叠”。

（1）他又把刚才的话重复了一遍。

（2）老师反复地说上课不要迟到，可是还有同学迟到。

（3）清晨的薄雾，笼罩着重重叠叠的大山。

练一练 Exercises

1. 选词填空

Choose the correct words

创作　创造

（1）这位作曲家就是在这架钢琴上______出了他的那些伟大的作品。

（2）他又一次______了医学史上的奇迹。

（3）为了给她______一个美好的未来，他每天都努力赚钱。

重复　反复　重叠

（4）自从上次做完手术以后，他的病又______发作了好几次。

（5）请______一下我刚才说的话。

（6）怪不得我找不到信纸呢，原来它和我的笔记本______在一起了。

2. 给下面的句子排列顺序

Arrange the following sentences in a correct order

（1）再把下面的部分重叠起来剪，剪后打开。

（2）展开折的部分，就会成一个双喜字。

（3）把喜字的结构用笔描出来。

（4）把上一部分重叠起来剪，剪好后打开。

（5）准备一张正方形红纸，然后对折。

______ → ______ → ______ → ______ → ______ → ______

星期四 Thursday

难度：★★★　建议时间：3.5分钟　字数：352

“开心麻花”

“开心麻花”是把时尚、快乐和智慧联系在一起的舞台剧，是商业话剧市场票房成绩最好的舞台剧品牌。到目前为止，“开心麻花”一共创作的13部戏，累积观众接近百万。现在全北京关注时尚流行的人中，每三个人就有一个知道“开心麻花”，超过1000万的观众，通过电视、广播、网络、报纸等媒体接触到“开心麻花”。开心麻花也成长为中国时尚舞台剧的领军品牌。

开心麻花系列舞台剧是什么样的舞台剧？

1. 故事与众不同。普通的故事中，把时尚元素和社会文化热点事件、人物联系在一起。

2. 立意与众不同。和传统话剧的说教相比，开心麻花是提倡纯粹娱乐的舞台剧。

3. 风格与众不同。风格化的表演形式，吸引了众多知名明星。

4. 对应人群相对集中。主体观众为35岁以下的年轻白领和学生，这部分占总观众比例的80%。他们对时尚敏感，热爱刺激，是极其富有活力的高消费群体。

（改编自百度百科）

小贴士

中国话剧诞生于1907年，来自西方戏剧，今天依然从西方戏剧中摄取营养。通过看话剧你可以了解到很多中国的风土人情。在北京你可以到国家大剧院、保利剧院、海淀剧院、朝阳文化馆、王府井的东方先锋小剧场、首都剧场看话剧和北京人艺小实验剧场，你需要静下心来将中国的话剧慢慢体味。

生词 New words

1. 舞台剧（名）	wǔtáijù	a stage play
2. 品牌　（名）	pǐnpái	a brand
3. 累积　（动）	lěijī	to accumulate
4. 系列　（名）	xìliè	a series
5. 与众不同	yǔ zhòng bùtóng	unusual; distinctive
6. 立意　（动）	lìyì	theme; conception
7. 说教　（动）	shuōjiào	to deliver a sermon; to preach
8. 提倡　（动）	tíchàng	to advocate
9. 纯粹　（形）	chúncuì	pure; absolute
10. 敏感　（形）	mǐngǎn	sensitive; susceptible
11. 刺激　（名）	cìjī	a stimulus; an impulse
12. 活力　（名）	huólì	vigor

学一学 Grammar

1. 和／与……相比

常用搭配，表示比较，“和/与”后引出比较的对象。

（1）现与过去相比，他开朗了很多。

（2）你的汉语水平和刚来时相比已经有了很大的提高。

（3）和传统散文相比，现在的散文更自由更亲切。

2. 占……比例

常用搭配，表示一种事物在整体中所占的分量。

（1）据统计，今年个人贷款占全部贷款的比例为25%。

（2）在这个城市，失业或低收入人群占总人口的比例是10%。

（3）这档节目的观众中，儿童占了很大比例。

练一练 Exercises

1. 根据课文内容，选择正确答案

Choose the correct answer according to the text

（1）关于“开心麻花”下面哪一个是错的？

A. 开心麻花是一个舞台剧　　B. 开心麻花的观众达到千万

C. 开心麻花的观众主要是白领和学生　　D. 开心麻花是提倡说教的舞台剧

（2）下面哪一个不是“开心麻花”吸引观众的原因？

A. 故事新颖　　B. 风格新颖　　C. 立意新颖　　D. 人物新颖

2. 找出下面句子中的反义词

Find out the antonyms in the following sentences

(1) 他对什么都很迟钝,唯独对自己的身高很敏感。(　　)

(2) 那条消息使死气沉沉的工人又获得了活力。(　　)

(3) 我们提倡节约,反对浪费。(　　)

(4) 我们收到的稿件几乎都是千篇一律的说教,只有一篇与众不同。(　　)

星期五 Friday

难度:★★★★　建议时间:3.5分钟　字数:354

世界著名城市的雕塑

1. 男孩撒尿铜像:比利时首都布鲁塞尔的著名雕像是小男孩于廉撒尿的铜像。传说,在13世纪中叶的一次反侵略战争期间,藏起来的敌人企图,炸毁市政厅及周围的建筑。然而,却被于廉一泡尿浇灭了敌人点燃的导火索,挽救了整座城市。

2. 自由女神铜像:匈牙利首都布达佩斯与美国纽约的标志都是自由女神像。不同的是前者双手高举橄榄叶,抬头仰望天空;后者高举象征自由的火炬,左手拿着法典。美国的自由女神是法国人为了祝贺独立战争的胜利,在19世纪80年代作为礼物赠给美国的。她由200多块铜片组成。当年,这些铜片在法国造好后,用船运到这里,进行组装。塑像的内部是空的,有电梯可以直上头部,在上面俯视纽约全景。她经历130多年风雨,到现在为止仍富有历史的魅力。

3. 狮身人面像:埃及首都开罗的标志是一座狮身人面雕像,象征着智慧,它与金字塔一样闻名世界。

(改编自人本艺术网)

小贴士

长春世界雕塑公园建设于2001年,2003年9月正式对外开放,是世界上最大的建于城市中心区的雕塑公园。

生词 New words

1. 反侵略		fǎn qīnlüè	anti-aggression
2. 企图	(动)	qǐtú	to attempt; to have designs on

3. 炸毁	（动）	zhàhuǐ	to blow up; to dynamite
4. 浇灭	（动）	jiāomiè	to quench; to put out
5. 导火索	（名）	dǎohuǒsuǒ	a fuse
6. 挽救	（动）	wǎnjiù	to save
7. 橄榄叶	（名）	gǎnlǎnyè	olive leaves
8. 火炬	（名）	huǒjù	a torch
9. 法典	（名）	fǎdiǎn	a code of laws; a statute book
10. 组装	（动）	zǔzhuāng	assemble and install
11. 俯视	（动）	fǔshì	to have a bird's eye view (of)

专有名词 Proper names

1. 布鲁塞尔	Bùlǔsài'ěr	Brussels (the capital of Belgium)
2. 于廉	Yúlián	*a boy's name*
3. 布达佩斯	Bùdápèisī	Budapest (the capital of Hungary)
4. 自由女神像	zìyóu nǚshén xiàng	the Statue of Liberty
5. 狮身人面像	shīshēn rénmiàn xiàng	the Sphinx
6. 开罗	Kāiluó	Cairo (the capital of Egypt)

学一学 Grammar

由……组成

常用搭配，注意介词用的是"由"。

（1）每个小组至少由十人组成。

（2）他们的乐队由五人组成。

（3）这支考察队由五十人组成。

练一练 Exercises

1. 选择并完成句子

Choose and complete the following sentences

（1）已经晚上11点了，我以为他不会来了，________。

A. 他没有给我惊喜　　B. 然而他却给了我一个惊喜

（2）他走了两个星期了，可是________我还没有收到他一封信。

A. 到现在为止　　B. 如今

2. 根据课文内容,判断正误(正确的划√,错误的划×)

Decide whether the following statements are true(√) or false(×) according to the text

(1) 狮身人面像是埃及首都开罗的标志。

(2) 匈牙利首都布达佩斯与美国纽约的标志都是自由女神像。

(3) 美国的自由女神是英国人为了祝贺独立战争的胜利,在19世纪80年代作为礼物赠给美国的。

(4) 美国的自由女神由200多块铁片所组成。

(5) 美国的自由女神内部有电梯。

(6) 匈牙利首都布达佩斯的自由女神高举象征自由的火炬,左手拿着法典。

(7) 美国的自由女神双手高举橄榄叶,抬头仰望天空。

(8) 站在美国的自由女神上面可以俯视纽约全景。

周末总盘点

词汇盘点 Key words extended

鲜艳	创作	敏感	提倡	挽救
颜色鲜艳 鲜艳的服装 鲜艳的羽毛	创作一首诗 创作一段音乐 创作一篇小说 创作一幅画	敏感问题 敏感话题 对……敏感 敏感皮肤	提倡环保 提倡低碳生活 提倡民主 提倡节约	挽救生命 挽救公司 挽救了很多人 挽救整个世界

玩转周末 Fun weekend

测测你的幸福从哪儿来?

假设你和恋人到海边漫步,你觉得你们正在欣赏什么样的景色?

A. 满天星星　　B. 夕阳

C. 日出　　D. 沙滩聚会

轻松一刻 Easy time

除了音乐

一位热心的年轻教师想让她的学生多了解一点优秀的古典音乐，就安排了一天下午去听音乐会。为了使这次活动能给大家留下更深的印象，她请大家喝柠檬汽水，吃点心、巧克力和冰淇淋。在大家回来上汽车的时候，她问小明："你今天玩儿得好吗？"

"噢，好极了！"小明说，"除了音乐其他都很好。"

（改编自中国教育文摘）

All Except the Music

A keen young teacher wanted to introduce her class to the glories of classical music, so she arranged an outing to an afternoon concert. To make the occasion even more memorable, she treated everyone to lemonade, cake, chocolate and ices. Just as the party was getting back into their coach, she said to Xiaoming, "Have you enjoyed yourself today?"

"Oh, yes " said Xiaoming, "It was lovely. All except the music, that is."

在哪儿见过？ Where have you ever seen these pictures?

在798你可以看到的各种各样的宣传画或者招牌：

1.

北京时尚设计广场　Běijīng Shíshàng Shèjì Guǎngchǎng

Beijing Fashion Design Plaza

2. 

水木当代艺术空间　　Shuǐmù Dāngdài Yìshù Kōngjiān
shuimu art space

3. 

俄罗斯艺术画廊　　Éluòsī Yìshù Huàláng　　Russian Art Gallery

4.

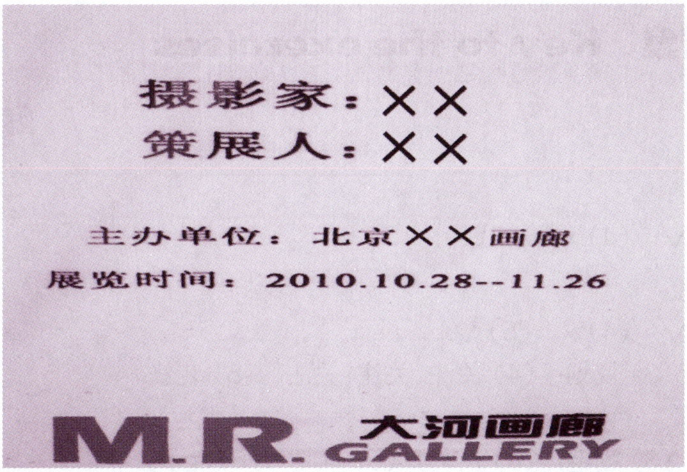

摄影家	shèyǐng jiā	photographer
策展人	cèzhǎn rén	a curator
北京大河画廊	Běijīng Dàhé Huàláng	Beijing Dahe Gallery

5.

圣地	shèngdì	the holy land

答案 Key to the exercises

星期一

1.(1) B (2) C

2.(1) √ (2) × (3) √ (4) √ (5) ×

星期二

1.(1) √ (2) × (3) √ (4) × (5) √

2.(1) 从事 (2) 展示 (3) 规划 (4) 关注、关注、关注 (5) 装修

星期三

1.(1) 创作 (2) 创造 (3) 创造 (4) 反复 (5) 重复 (6) 重叠

2. 5→3→4→1→2

星期四

1.(1) D (2) D

2.(1) 迟钝/敏感 (2) 死气沉沉/活力 (3) 提倡/反对、节约/浪费
(4) 千篇一律/与众不同

星期五

1.(1) B (2) A

2.(1) √ (2) √ (3) × (4) × (5) √ (6) × (7) × (8) √

玩转周末:

A. 幸福来源:朋友。你总是喜欢造自己的梦想王国,当回到现实生活中,往往不能接受。建议你多跟朋友一起,令自己处于生活的现实中。

B. 幸福来源:智慧。你热衷于探索神秘世界,所以令你快乐的方法就是多读书,令自己大开眼界。

C. 幸福来源:自由。你很有个性,对世人眼中的价值观漠不关心,对你来说,只要自由自在就好。

D. 幸福来源:家。你是个很爱家的人,认为家是最温暖的地方。

第十一周

新型太阳能牙刷

星期一 Monday

难度：★★　建议时间：2.5分钟　字数：282

儿童专用手机

随着移动通信技术的普及，越来越多的家长会给孩子们配备手机。于是，儿童手机这个热门产品悄悄地进入了我们的视线。

前不久，三星公司就发布了一款专为学龄儿童准备的手机。这款手机的最大优点是具备了GPS跟踪定位和自动报警功能。万一孩子发生了意外，父母也能掌握情况。

带有自救功能是这类儿童手机的标准配置，当孩子发生意外时，就可以启动这个自救功能，可以向当地的警察局或者父母进行自动求救。除此之外，当自救功能开启后，这款儿童手机还可以发出高达100分贝的求救声和求救闪灯，以便进行自救。

这款手机从2009年3月起将在韩国国内开始发售，其他国家的儿童可能还没有办法这么快地体验到如此先进的手机。

（改编自新华网）

小贴士

随着手机普及率的提高，越来越多的中国人习惯于发短信交流信息、传递感情。可以说中国是世界上最大的手机市场，4.55亿手机用户使用短信聊天或者约会。据统计，中国人每个月大约发送330亿条短信，在中秋节这一天内发送的相互问候的短信就多达20亿条。除了相互沟通以外，很多中国人也是通过手机而不是通过电脑查看新闻或者天气预报。

生词 New words

1. 普及	（动）	pǔjí	to popularize
2. 配备	（动）	pèibèi	to provide (manpower or equipment)
3. 热门	（形）	rèmén	popular; hot
4. 款	（量）	kuǎn	type; kind
5. 具备	（动）	jùbèi	to possess; to be provided with
6. 跟踪	（动）	gēnzōng	to follow the tracks of; to trail
7. 报警	（动）	bàojǐng	to give an alarm
8. 意外	（名）	yìwài	accident
9. 开启	（动）	kāiqǐ	to open
10. 体验	（动）	tǐyàn	to experience

学一学 Grammar

1. 普及 — 普遍

“普及”指的是普遍推广，让大家了解和使用。既是形容词也是动词。

“普遍”指的是某一事物存在的范围很广泛，并且有相同的地方，是形容词。

（1）这本书已经普及全国。

（2）中国很早就已经普及了九年义务教育。

（3）今年市场上蔬菜的品种不少，但是价格普遍高于去年。

（4）如今，大学生找不到工作的现象很普遍。

2. 具备 — 具有

“具有”表示存在，它的宾语（bīnyǔ, object）大部分是信心、能力、水平、意义等抽象（chōuxiàng, abstract）的词。

“具备”有完备（wánbèi, complete）的意思，也就是“该有的都有”，使用范围比较窄。

（1）有些传统观念到现在依然具有现实意义。

（2）据导游说，这是一条具有两百多年历史的古道。

（3）这款手机具备收发电子邮件的功能。

（4）这个工厂一个技术人员都没有，不具备生产的基本条件。

（5）他们已经具备了制作风筝的各种技术。

练一练 Exercises

1. 在下列空格中填入合适的汉字，使得上下左右能组成词或短语

Fill in the blanks with a suitable character to form a word or phrase around

(1) 门
爱 ☐ 闹
情

(2) 见
义 ☐ 外
思

2. 选词填空

Choose the correct words

(1) 随着手机的(普遍/普及)，固定电话逐渐被人们淘汰了。

(2) 今年夏天持续高温，空调成了(热门/冷门)货。

(3) 儿童专用手机最大的优点是(具备/配备)了GPS跟踪定位和自动报警功能。

(4) 从今年3月起韩国儿童将有机会(体验/经历)到这款专门为他们准备的手机。

星期二 Tuesday

难度：★★★　建议时间：3分钟　字数：303

互联网获诺贝尔和平奖提名

由于诺贝尔和平奖没有规定实施细则，因此在评选过程中，争议声始终伴随左右。和平奖历来都是诺贝尔众奖中遭到质疑最多的一个。去年，诺贝尔和平奖颁给美国总统奥巴马，就引发了巨大的争议。

2010年，又将是谁问鼎这一极具争议性的奖项，现在问可能有点儿早。不过，有一个名字很有可能在2010年被刻在诺贝尔和平奖的底座上，那就是我们早已熟悉的老朋友——互联网。因推进对话和争论，互联网已获得2010年诺贝尔和平奖提名。有人认为，如果这次互联网最终获奖，争议同样不可避免。互联网虽然是个宝，但必须用得好。如果互联网得了奖，等于向未来的人们证明：我们已领会了互联网革命的精髓，并且，我们已决定将互联网的力量导向正确的方向，最大限度利用它为人类造福。

(改编自《北京晨报》)

小贴士

诺贝尔和平奖是由瑞典(Ruìdiǎn, Sweden)发明家阿尔弗雷德·诺贝尔(Āěrfúléidé Nuòbèiěr, Alfred Bernhard Nobel)所创立的五个诺贝尔奖中的一个。根据诺贝尔的遗嘱,诺贝尔和平奖不应该和其他四个奖一起在瑞典颁发,而应该在挪威(Nuówēi, Norway)的首都奥斯陆(Àosīlù, Oslo)颁发。

生词 New words

1. 实施	(动)	shíshī	to implement
2. 细则	(名)	xìzé	detailed rules
3. 历来	(副)	lìlái	always
4. 质疑	(动)	zhìyí	to call in question; to query
5. 颁	(动)	bān	to award
6. 问鼎	(动)	wèndǐng	to try to carry off the first prize
7. 底座	(名)	dǐzuò	base
8. 领会	(动)	lǐnghuì	to understand; to grasp
9. 导向	(动)	dǎoxiàng	to direct something towards
10. 造福	(动)	zàofú	to bring benefit to

学一学 Grammar

(名词/动词/形容词)+性

表示事物的性质、性能(xìngnéng, function)、范围或者方式等等。

1. 服务性行业并不只是适合女性。
2. 不要等环境恶化了才明白保护环境的重要性。
3. 这一事件使我们更清楚地懂得了问题的复杂性。
4. 中国的经济发展越来越快,商业性的活动也越来越多。
5. 现在,国际性的问题渐渐多了起来,比方说经济问题、环境问题、人口问题等等。

练一练 Exercises

1. 在下列空格中填入合适的汉字，使得上下左右能组成词或短语
Fill in the blanks with a suitable character to form a word or phrase around

（1）		现		（2）		鼎	
	际	☐	施		侯	☐	题
		在				路	

2. 根据课文内容，判断正误（正确的划√，错误的划×）
Decide whether the following statements are true(√) or false(×) according to the text

（1）诺贝尔和平奖没有具体规定怎么评选这个奖项。
（2）在五个诺贝尔奖中，诺贝尔和平奖受到的质疑最多。
（3）2009年获得诺贝尔和平奖的是美国总统奥巴马，可是没有人质疑。
（4）作者认为2010年互联网一定会获得诺贝尔和平奖。
（5）要是互联网获了奖，这正好说明人们已经决定最大限度地利用互联网为人类造福。

星期三 Wednesday

难度：★★★ 建议时间：3分钟 字数：318

新型太阳能牙刷

加拿大研究人员开发出一款新型牙刷，不需要牙膏，通过太阳能在口腔内形成化学反应达到清洁牙齿的目的。

加拿大已经退休的牙科教授小宫司·邦雄博士早在15年前就已经设计出了这种非传统牙刷的首个模型。现在，小宫司·邦雄和他的同事正在招募志愿者对他们的新型牙刷Soladey-J3X进行试验。这种牙刷由一家日本公司生产。为了检测它与普通牙刷的区别，不久他们会对120名青少年进行测试。

Soladey-J3X由一块太阳能电池和一个基座构成，通过一根铅丝将电子传到牙刷前端。电子与口腔中的酸形成化学反应，可去除牙垢，杀死细菌。这种新型牙刷不需牙膏，只要有太阳能计算器所需要的同量的光线就可以使用。研究人员已对牙刷进行了引起牙周疾病的菌群测试，并证明这种牙刷能让“菌类细胞完全死亡”。

（改编自中华网）

小贴士

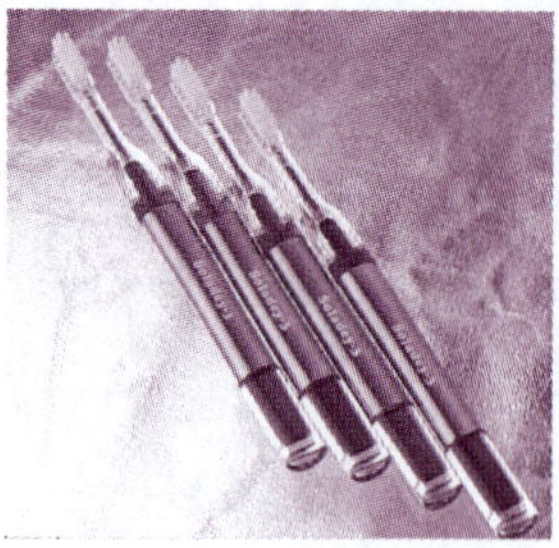

小宫司·邦雄博士在迪拜举行的世界牙科联盟(World Dental Federation)全球牙科年度大会上宣布了他们的这一研究成果，并且在170项发明中脱颖而出(tuō yǐng ér chū, to stand out)，获得了冠军。

生词 New words

1. 太阳能	（名）	tàiyángnéng	solar energy
2. 牙膏	（名）	yágāo	toothpaste
3. 口腔	（名）	kǒuqiāng	the oral cavity
4. 化学反应		huàxué fǎnyìng	[Chemistry] a chemical reaction
5. 牙科	（名）	yákē	the dental department
6. 招募	（动）	zhāomù	to recruit
7. 检测	（动）	jiǎncè	to check up, to examine
8. 基座	（名）	jīzuò	pedestal
9. 铅丝	（名）	qiānsī	lead wire
10. 酸	（名）	suān	[Chemistry] acid
11. 牙垢	（名）	yágòu	dental calculus
12. 菌群	（名）	jūnlèi	colony of bacteria

专有名词 Proper names

小宫司·邦雄　　Xiǎogōngsī Bāngxióng　　KunioKomiyama

学一学 Grammar

1. 由……构成

常用搭配，“由”引进动作的施事者。

(1) 这个调查小组由来自六个国家的15名代表构成。

(2) 对于生活质量到底由什么构成，各人有各人的看法。

(3) 联合国是一个由主权国家构成的国际组织，一共有192个成员国。

2. 把……传到……

常用搭配，注意介词用的是“把”或者“将”。

(1) 随着网络时代的到来，连小孩儿都知道怎么将照片传到网上。

(2) 英国是世界上的茶叶消费王国，可是最初将茶叶传到了欧洲的却是荷兰人。

(3) 阿拉伯数字是人们生活、学习、工作中最常用的数字，你知道是谁将阿拉伯数字传到中国的吗？

练一练 Exercises

1. 连线组成短语

Match and form a phrase

(1) 达到	试验	(2) 生产	疾病
进行	志愿者	去除	牙刷
招募	目的	引起	牙垢

2. 选词填空

Choose the correct words

(1) 这(　　)新型牙刷不需要牙膏，它是通过太阳能达到清洁牙齿的目的。

A. 款　　B. 个　　C. 支

(2) 他们的新型牙刷由一(　　)日本公司生产。

A. 所　　B. 家　　C. 间

(3) Soladey-J3X通过一(　　)铅丝将电子传到牙刷前端。电子与口腔中的酸形成化学反应，能够清洁牙齿。

A. 根　　B. 条　　C. 个

星期四 Thursday

难度：★★★★　建议时间：4分钟　字数：410

月球电梯

据报道，美国太空电梯研究公司——“电梯港”的总裁迈克尔·莱恩日前宣称，他们梦想在10年之内造出一架“月球电梯”，人类将来有一天能乘坐这架超级电梯到达月球！

这架电梯将从月球上空5万公里处垂向月球表面。因为月球的引力仅为地球的1/6，所以“月球电梯”对缆绳强度的要求将远远小于从地球表面通向太空的“太空电梯”，科学家只需使用一种日本生产的高强度、高耐热性的复合纤维，就能实现建造“月球电梯”的梦想！

莱恩称，当“月球电梯”模型开始运行后，科学家还可以往“月球电梯”上添加更多的缆绳，从而使它变得更牢固。不过，“月球电梯”的建造也会面临许多障碍，其中包括一些技术障碍。虽然建造“月球天梯”的费用要比建造从地球通向太空的"太空天梯"低很多，但也是一笔昂贵的花费。莱恩说："我们没有具体评估到底要花多少钱，我们也许不需要花费数十亿数百亿美元的投资，但也许得花费数亿美元。"另外，最初建成的"月球电梯"每次也许只能运输200公斤到250公斤重的货物。

（改编自新浪科技）

小贴士

1895年，俄罗斯科学家第一次提出太空电梯的概念，经过上百年的研究，这个梦想仍然没有实现，最大的挑战在于没有人能造出数万公里长的超强缆绳。2003年迈克尔·莱恩成立的"电梯港"公司，研究从地球通往太空的天梯，这个计划受到了美国宇航局的重视，但是2007年陷入财政危机，主要原因是制造缆绳的成本太高，现在他们将研究的重心转移到了"月球电梯"上。

生词 New words

1. 太空	（名）	tàikōng	the universe
2. 总裁	（名）	zǒngcái	president of (a company)
3. 宣称	（动）	xuānchēng	to announce
4. 引力	（名）	yǐnlì	gravitation
5. 缆绳	（名）	lǎnshéng	cable
6. 耐热性		nàirè xìng	heat resistance
7. 复合纤维		fùhé xiānwéi	composite fiber
8. 评估	（动）	pínggū	to assess
9. 投资	（名）	tóuzī	investment

专有名词 Proper names

迈克尔·莱恩	Màikè'ěr Lái'ēn	Michael Ryan

学一学 Grammar

到底

用在疑问句中，表示对事情进一步追问(zhuīwèn, to make further enquiries)。

1. 他一会儿说要去后海，一会儿说要去三里屯，我不知道他到底想去去哪儿。
2. 这本没有名字的书到底是谁的？
3. A：我给你讲了半天，你到底明白不明白？
   B：我还是不太明白。

练一练 Exercises

1. 仿照例子，做词语接龙游戏

According to the examples, play word by word games

例如：邀请——请假——假期——期末——末尾——尾巴

(1) 引力

(2) 评估

2. 选词填空

Choose the correct words

(1) 他们梦想人类(将来/未来)有一天能乘坐"月球电梯"到达月球！

(2) 月球的引力只是地球的1/6，(因为/因此)"太空电梯"对缆绳强度的要求将远远大于"月球电梯"对缆绳强度的要求。

(3) 当"月球电梯"模型开始运行后，科学家还可以往"月球电梯"上添加更多的缆绳，(而且/从而)使它变得更牢固。

(4) 他们没有具体(评估/评价)建造"月球电梯"到底要花多少钱。

星期五 Friday

难度：★★★★　建议时间：4分钟　字数：425

3D技术

电影艺术的发展离不开技术的发展，每一种新技术的发明，都为电影提供了巨大的艺术可能性，丰富了电影的语言和手段，也使电影更加接近它的美学目标——"真实化"。如果说电子书的出现改变了人们阅读文本的方式，3D技术则改变了人们阅读影像的方式。

看2D片时，不管是旁观、窥视还是凝视，镜头如何变化，其实都属于"观影"范畴，然而3D技术消除了观者与影片之间的界线，看3D片会让你身临其境、参与剧情，从而进入另一种不同的审美范畴。有人说在观看3D

版《泰坦尼克号》，当轮船随着冰冷的海水摇晃时，他居然紧紧抓住坐席的把手，生怕自己会沉入水下。

3D片研究专家丹尼尔·西默斯1969年拍摄了《女管家》，这部电影的成本只有10万美元，票房却获得了2700万美元，堪称影史上最赚钱的3D片。可是西默斯却不太看好3D片，他认为3D片始终是像来到小镇上表演的马戏团，如果它一直演下去，新鲜味儿没了，观众仍会跑掉。

3D时代，3D影片或许更应该关注影片的内容，毕竟影像的真正生命力来自伟大的故事，而不是非凡的视觉体验。

（改编自《精品购物》）

小贴士

3D成像是靠人的两眼视觉差产生的。人的两眼之间一般会有8厘米左右的距离，要让人看到3D影像，必须让左眼和右眼看到不同的影像，两幅画实际上有一段小距离，也就是模拟人的双眼实际观看时的情况，这样才能有3D的立体（lìtǐ, three-dimensional）感觉。

生词 New words

1. 美学	（名）	měixué	aesthetics
2. 影像	（名）	yǐngxiàng	image
3. 窥视	（动）	kuīshì	to peep at; to spy on
4. 凝视	（动）	níngshì	to gaze at ; to stare at
5. 范畴	（名）	fànchóu	category
6. 消除	（动）	xiāochú	to eliminate; to clear up
7. 身临其境		shēn lín qí jìng	to actually be there; to be personally on the scene
8. 审美		shěnměi	appreciation of the beautiful
9. 拍摄	（动）	pāishè	to shoot; to film
10. 票房	（名）	piàofáng	box office
11. 非凡	（形）	fēifán	extraordinary; uncommon

专有名词 Proper names

丹尼尔·西默斯　Dānní'ěr Xīmùsī　Daniel Seamus

学一学 Grammar

1. 居然

表示完全没有想到。

(1) 刚说过的事,小王居然给忘了。

(2) 玛丽可真够马虎的,自己丢了手机,居然还不知道。

(3) 我本来以为大卫不会同意的,没想到他居然答应了。

2. 毕竟

表示不管怎么样,情况还是这样。

(1) 虽然有些不愿意,小李毕竟还是去了。

(2) 人类要善待动物,毕竟我们都生活在同一个生物圈里。

(3) 晓晓毕竟是孩子,我们不能用成人的标准要求她。

练一练 Exercises

1. 选择并完成句子

Choose and complete the following sentences

(1) 如果说电子书的出现改变了人们阅读文本的方式,_____。

A. 3D技术则改变了人们阅读影像的方式

B. 则3 D技术改变了人们阅读影像的方式

(2) 看2D片时,_____,其实都属于“观影”范畴。

A. 尽管是旁观、窥视还是凝视,尽管镜头怎么变化

B. 不管是旁观、窥视还是凝视,不管镜头怎么变化

(3) 当轮船随着冰冷的海水摇晃时,_____,生怕自己会沉入水下。

A. 居然他紧紧抓住坐席的把手

B. 他居然紧紧抓住坐席的把手

(4) 3D影片或许更应该关注影片的内容,_____,来自伟大的故事。

A. 毕竟真正的影像生命力

B. 究竟真正的影像生命力

2. 根据课文内容,回答问题

Answer these questions according to the text

(1) 为什么说“电影艺术的发展离不开技术的发展”?

(2) 3D技术是如何改变人们阅读影像的方式的?

(3) 丹尼尔·西默斯如何看待3D片?你同意他的看法吗?为什么?

(4) 你认为3D片应该如何发展?

周末总盘点

词汇盘点 Key words extended

热门	领会	招募	评估	审美
热门话题	领会思想	招募新人	进行评估	审美观
热门专业	领会文章的意思	招募毕业生	资产评估	审美能力
热门学科	领会老板的意图	招募技术工人	评估质量	审美教育
			评估了……的价值	审美感觉

玩转周末 Fun weekend

将下面的词语填入合适的方框内

Fill the following words to an appropriate box

卧室　茶几　油烟机　洗发水　房子　浴巾　床　浴室　微波炉

沙发　厨房　被子　客厅　橱柜　电视　浴缸　衣柜

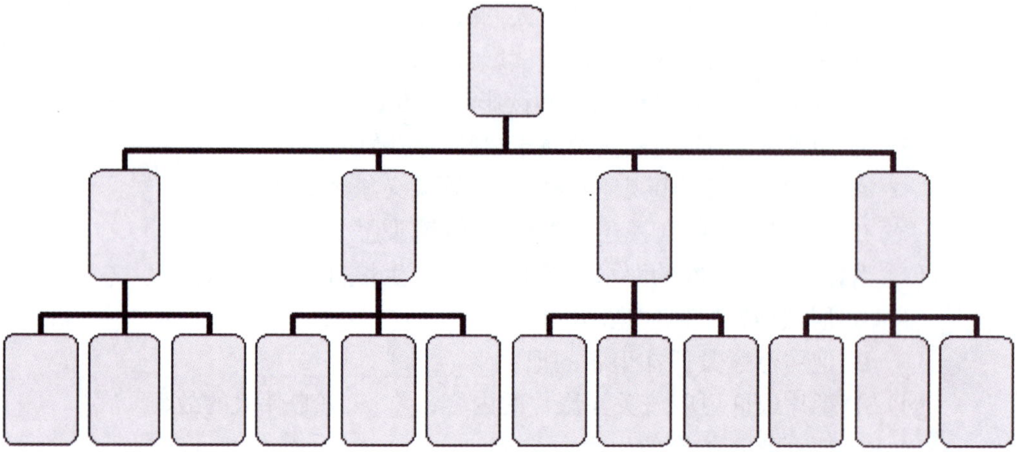

轻松一刻 Easy time

记电话号码

爱因斯坦的一位女性朋友给他打电话。最后她要求爱因斯坦把她的电话号码记下来，以便以后通电话。

"我的电话号码很长，挺难记的。"

"说吧，我听着。"爱因斯坦并没

To Memorize Phone Number

One of his female friends called Einstein. Finally, she asked him to write down her phone number in order to call in future.

"My phone number is very long, which is hard to remember."

"Go ahead. I am listening." But Einstein didn't

有拿起笔。

“24361。”

“这有什么难记的?”爱因斯坦说,“两打与十九的平方,我记住了。”

(改编自 www.xxhh.net)

pick up a pen.

“24361。”

“Is it difficult to remember?” Einstein said,“two dozen and the square of 19. I get it.”

在哪儿见过? Where have you ever seen these pictures?

走在有“中国硅谷”之称的中关村的大街上,你会看到:

(1)

广安中海电子市场　Guǎng’ān Zhōnghǎi Diànzǐ Shìchǎng

Guang’an zhongzhong Electronic Market

(2)

中关村e世界　Zhōngguāncūn E Shìjiè　Zhongguancun e-Plaza

E世界财富中心　È Shìjiè Cáifù Zhōngxīn　E-Plaza Fortune Center

(3)

海龙电子城　　Hǎilóng Diànzǐchéng　　Hailong Electronic City

(4)

北大太平洋科技发展中心　　Běidà Tàipíngyáng Kējì Fāzhǎn Zhōngxīn

Peking Pacific Technology Development Center

（5）

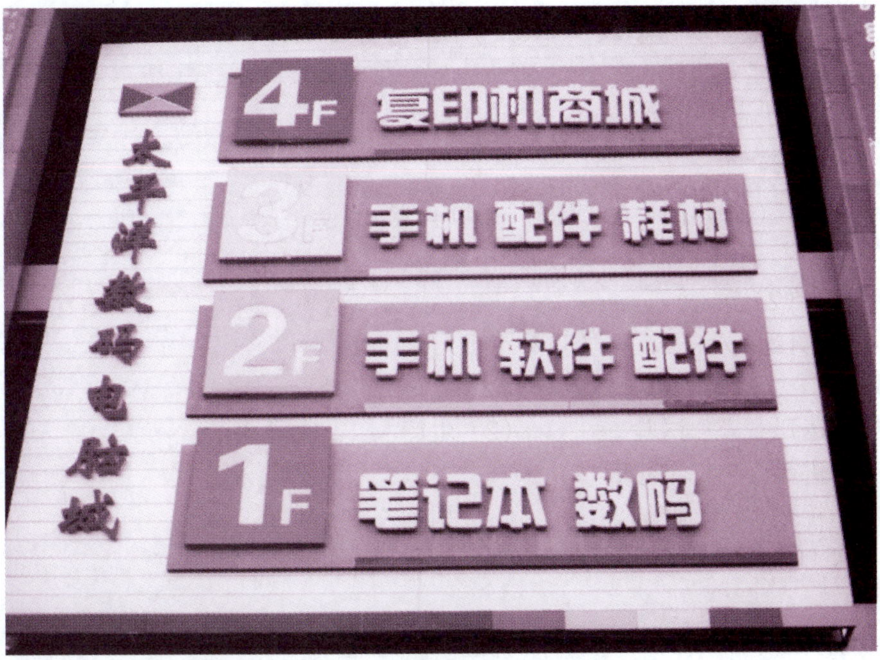

数码	shùmǎ	digital
配件	pèijiàn	accessories
耗材	hàocái	consumable materials
复印机	fùyìnjī	a machine used only for duplication

答案 Key to the exercises

星期一

1.（1）热 （2）意

2.（1）普及 （2）热门 （3）具备 （4）体验

星期二

1.（1）实 （2）问

2.（1）√ （2）√ （3）× （4）× （5）√

星期三

1.（1）

达到	试验
进行	志愿者
招募	目的

（2）

生产	疾病
去除	牙刷
引起	牙垢

2.（1）A （2）B （3）A

星期四

1.（1）引力——力气——气味——味道——道理

（2）评估——估计——计划（huà）——划（huá）船——船员

2.（1）将来 （2）因此 （3）从而 （4）评估

星期五

1.（1）A （2）B （3）B （4）A

2.（1）每一种新技术的发明，都为电影提供了巨大的艺术可能性，丰富了电影的语言和手段，也使电影更加接近它的美学目标——“真实化”。

（2）3D技术消除了观者与影片之间的界线，看3D片会让你身临其境、参与剧情，从而进入另一种不同的审美范畴。

（3）西默斯却不太看好3D片，他认为3D片始终是像来到小镇上表演的马戏团，如果它一直演下去，新鲜味儿没了，观众仍会跑掉。

（4）略

玩转周末

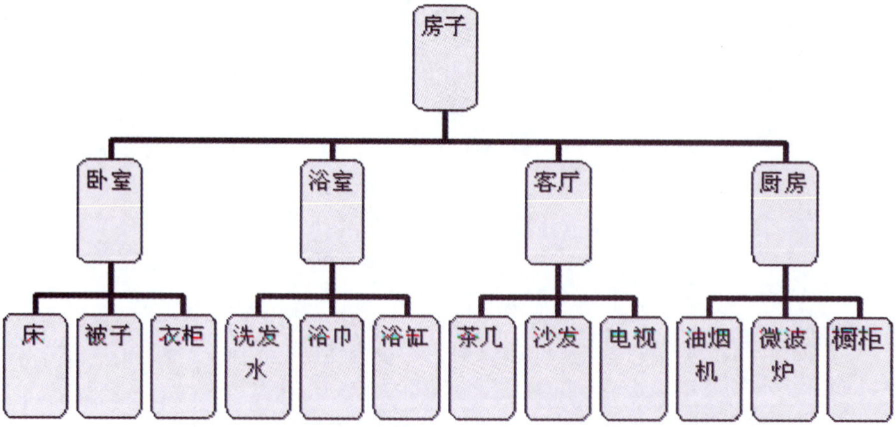

第十二周

富不过二代？

星期一 Monday

难度：★★　建议时间：3分钟　字数：305

年夜饭新商机

为年夜饭经济推波助澜的，有不断升温的“婚庆热”，也有越来越发展的网上购物。

2010年春节和情人节相逢，这无疑是背后重要的助推力。来自广东的王小姐告诉记者，她和她先生的婚礼就将在大年初一举行。“本来也没多想，定在大年初一结婚就图个亲戚朋友们都在，能热热闹闹的。没想到竟然也是情人节。以后的2月14日不仅是情人节，还是结婚纪念日。”王小姐幸福地说道。

除了婚庆，日益兴旺的网购也给传统的年夜饭带来了时尚气质。网购年货、网购年夜饭半成品已经成为年轻人的首选。在淘宝网上，年夜饭半成品券销量全线“飘红”，淘宝卖家小刘告诉记者：“500元至600元价位的半成品券最受欢迎，而半成品券不仅是年夜饭的好帮手，也是赠送亲友的好礼物。”

（改编自新华财经）

小贴士

淘宝网 Taobao.com

“淘宝”是一种有中国特色的电子商务服务，是中国最大的网上贸易市场。在淘宝网站上，你可以感受到网上逛商店的方便和乐趣，将传统的用脚出门逛街的经验转化为用手上网逛商店的体验；你也可以迅速地、用比较低的成本在网上开店，把自己喜欢的商品开成小店与别人分享。

生词 New words

1. 推波助澜		tuī bō zhù lán	to make a stormy sea stormer
2. 相逢	（动）	xiāngféng	to meet by chance
3. 推力	（名）	tuīlì	thrust
4. 竟然	（副）	jìngrán	to one's surprise
5. 纪念日	（名）	jìniànrì	a memorable date
6. 兴旺	（形）	xīngwàng	prosperous
7. 气质	（名）	qìzhì	disposition
8. 半成品	（名）	bànchéngpǐn	semi-manufactured goods
9. 飘红	（动）	piāohóng	a general price rise of stocks and other securities
10. 帮手	（名）	bāngshǒu	assistant

学一学 Grammar

1. 图个……

“图”，想得到的意思，表示目的。

(1) 今天真是太热了，小王把窗户和空调都打开了，就是想图个凉快。

(2) 现在人们常常在外边吃饭，就是为了图个方便。

(3) 有些人去酒吧，只是图个热闹，并不是真的想喝酒。

2. 竟然

表示没想到。

(1) 这么重要的事，王经理竟然忘了。

(2) 麦克学习一向非常努力，没想到这次考试他竟然没通过。

(3) 这么宏伟的建筑，竟然只用十个月的时间就完成了。

练一练 Exercises

1. 选词填空

Choose the correct words

(1) 今年春节和情人节（相逢/相见），这无疑是背后重要的助推力。

(2) 没想到今年的大年初一（固然/竟然）也是情人节。

(3) 除了婚庆，日益兴旺的网购也给传统的年夜饭带来了时尚（气氛/气质）。

(4) 半成品券是年夜饭的好（帮手/帮忙）。

2. 根据课文内容，判断正误（正确的划√，错误的划×）

Decide whether the following statements are true(√) or false(×) according to the text

(1) 王小姐的婚礼将在大年初一举行。

(2) 对王小姐来说，以后的2月14日不仅是情人节，还是结婚纪念日。

(3) 网购年货、网购年夜饭半成品已经成为年轻人的第一选择。

(4) 在淘宝网上，年夜饭半成品券卖得不太好。

(5) 半成品券虽然是年夜饭的好帮手，但不是送给亲人和朋友的好礼物。

星期二 Tuesday

难度：★★ 建议时间：3分钟 字数：308

贷款买车是流行

1985年出生的小静在电视媒体工作，去年在楼市低迷的时候，和男朋友一起买了一套房，首付主要靠家庭支持，两人存钱准备装修。他们有意把房子买在了离市区比较远的地方，这样就可以省下一笔钱，一边还房贷一边筹划着买一辆10万元左右的车。"现在买车又不是很贵，还可以采取分期付款的方式，平时代步非常需要车。"小静认为，她的好友刚刚直接刷信用卡买了一辆马自达2，周围的许多朋友也很快步入了有房有车一族。

当分期付款的方式早已普及买房人的心中时，贷款买车也逐渐为80后所接受。据调查，买车时利用银行贷款的占30.47%，虽然只占三成的比例，不过仍可以看出贷款买车逐渐为80后接受。其实80后很容易成为房奴和车奴，因为刚毕业没几年，工资有限，而生活压力很大。

（改编自《潇湘晨报》）

小贴士

马自达2是长安福特马自达在中国南京的第一款产品。长安福特马自达汽车有限公司是一家中、美、日合资的大型现代化汽车企业。

生词 New words

1. 楼市	（名）	lóushì	housing property market
2. 低迷	（形）	dīmí	downturn
3. 有意	（副）	yǒuyì	on purpose
4. 房贷		fáng dài	housing mortgage loan
5. 筹划	（动）	chóuhuà	to plan and prepare
6. 分期付款		fēnqī fùkuǎn	payment by installments
7. 房奴	（名）	fángnú	mortgage slave

专有名词 Proper names

马自达	Mǎzìdá	Mazda Motor Corp.

学一学 Grammar

A为B（所）+[动词]

在这个结构里，"为"就是"被"的意思，整个结构还可以说成是"B V A"

1. "吉普"这个外来语已经为人们所接受。
2. 中国的发展需要吸收国外好的东西，为我所用。
3. 她们这个圈子有一个规定，就是相互之间绝对不能对媒体说出不为圈外人所知的隐私。

练一练 Exercises

1. 连线组成短语

Match and form a phrase

（1）电视	低迷	（2）筹划	压力
楼市	装修	分期	买车
准备	媒体	生活	付款

2. 根据课文内容，选择正确答案

Choose the correct answer according to the text

（1）小静在离市区比较远的地方买房子的原因是（　　）。

A. 为了省钱还住房贷款

B. 为了省钱买车

C. 这样可以省一笔钱，一边还住房贷款一边买车

D. 为了省钱装修

(2) 小静要买车的原因是(　　)。
A. 现在买车不太贵
B. 现在买车可以分期付款
C. 平时非常需要车
D. 以上三个原因都是

(3)据调查,利用银行贷款买车的占(　　)比例。
A. 三成　B. 四成　C. 五成　D. 七成

(4) 80后很容易成为房奴和车奴的原因是(　　)
A. 虽然工资很高,可是生活压力很大
B. 毕业时间短,工资不太高,生活压力却很大
C. 为了面子
D. 周围的朋友都买车买房,所以即使压力很大,也要买车买房

星期三 Wednesday

难度:★★★　建议时间:3分钟　字数:311

人民币汇率真正"浮动"起来

对于人民币汇率的讨论应该淡化政治因素,慢慢地让市场力量来决定汇率,才能形成一个有效并有弹性的汇率机制。

如果单从经济学的角度来分析,人民币目前具备升值空间,一是在发达经济体复苏疲软的情况下,中国出口表现依然强劲,从数据来看,9月份PMI出口订单指数温和上涨,由8月份的52.2升至52.8。这预示着中国的贸易仍然旺盛,预计全年贸易顺差将达到1900亿美元,大大高于年初预计的1000亿美元;二是近期数据显示中国经济强劲,国内需求旺盛,经济硬着陆的忧虑减轻;三是人民币资本项目自由化正在加快;四是人民币对非美元货币的贬值。

在汇率制度调整方面,我们无须抱有强烈的"浮动恐惧"。即使短期内,人民币确实面临升值压力,但有弹性的人民币汇率制度安排的时机已经成熟。

(改编自《第一财经日报》)

小贴士

人民币是中华人民共和国法定货币，中国人民银行管理人民币，负责人民币的设计、印制和发行。中国人民银行从1948年12月1日成立以来，至今已经发行了五套人民币。

生词 New words

1. 汇率	（名）	huìlǜ	exchange rate
2. 浮动	（动）	fúdòng	to float
3. 淡化	（动）	dànhuà	to water down
4. 机制	（名）	jīzhì	mechanism
5. 升值	（动）	shēngzhí	to appreciate; to rise in value
6. 复苏	（动）	fùsū	to revive
7. 疲软	（形）	píruǎn	weak
8. 强劲	（形）	qiángjìng	powerful
9. 旺盛	（形）	wàngshèng	vigorous
10. 顺差	（名）	shùnchā	favorable balance
11. 硬着陆		yìng zhuólù	to take urgent and heavy measures to solve problems
12. 贬值	（动）	biǎnzhí	to depreciate
13. 恐惧	（名）	kǒngjù	horror

学一学 Grammar

1. 从……的角度（来）[动词]

常用搭配，注意介词用的是“从”。

（1）从不同的角度来看问题，往往会得出不同的结论。

（2）这个男孩儿没有从大人那样的历史角度来理解这部电影。

（3）从生态学的角度来说，这个想法很不错；但是从经济学的角度来说，这却是一个灾难。

2. 在……情况下

常用搭配，注意用“下”而不是“上”。

（1）他们在艰苦的环境下按时完成了任务。

（2）即使在最好的情况下，老王也不怎么有耐心。

（3）使用银行卡支付时，收银员在大多数情况下是会要求你输入密码的。

练一练 Exercises

1. 在下列空格中填入合适的汉字，使得上下左右能组成词或短语

Fill in the blanks with a suitable character to form a word or phrase around

(1)		会		(2)		利	
	制	☐	场		序	☐	差
		遇				便	

2. 选词填空

Choose the correct words

(1) 对于人民币汇率的讨论应该(加强/淡化)政治因素，让市场力量来决定汇率，这样才能形成一个有效而有弹性的汇率机制。

(2) 在发达国家经济复苏(疲惫/疲软)的情况下，中国出口表现依然强劲。

(3) 近期数据显示中国经济强劲，国内需求(强盛/旺盛)。

(4) 在汇率制度调整方面，我们没有必要抱有强烈的“浮动(恐惧/恐怖)”。

星期四 Thursday

难度：★★★　建议时间：3 分钟　字数：329

富不过二代？财富传承的中国式思考

股神巴菲特为“富二代”下了一个定义，他称这些人为“幸运的精子”——他们拥有比别人更多的财富，这些财富不是因为他们自己而是因为上帝。确实，父辈的财富对于中国民营企业二代来说，是一种幸运；但同时，这也意味着他们仿佛从出生的那一刻起，便肩负着父辈公司的兴衰和那一份份难以推卸的责任。

按照中国的传统，随着父辈们的老去，他们中的多数人将陆续接班，成为主流商业社会的支撑，而且这个日子随着二代们的成长，已经越来越近。然而，在任何国家，企业家都是一种稀缺的资源。尽管目前，一些家族企业已经或正在酝酿二代接班人选，其中宝龙地产、匹克体育等已确定了二代接班团队，并通过实践检验了接班人卓越的领导力。然而，更多相对平庸的二代们，面对父辈的期许与市场竞争的激烈，又该何去何从呢？

(改编自《精品购物》)

小贴士

沃伦·巴菲特（Àolún Bāfēitè, Warren E. Buffett），是有史以来最伟大的投资家，他依靠股票、外汇市场的投资，成为世界上数一数二的富翁。巴菲特有一个习惯，就是不熟的股票不做，所以他永远只买一些传统行业的股票，而不去碰那些高科技股。2000年初，网络股高潮的时候，巴菲特却没有购买。那时大家都认为他已经落后了，但是现在回头一看，网络泡沫埋葬的是一批疯狂的投机家（tóujījiā, speculator），巴菲特成为最大的赢家。

生词 New words

1. 传承	（动）	chuánchéng	to pass on and to inherit
2. 精子	（名）	jīngzǐ	sperm
3. 民营企业		mínyíng qǐyè	an enterprise with non-governmental investor
4. 仿佛	（动）	fǎngfú	to seem
5. 肩负	（动）	jiānfù	to shoulder
6. 推卸	（动）	tuīxiè	to shirk
7. 支撑	（动）	zhīchēng	to support
8. 稀缺	（形）	xīquē	premium; in short supply
9. 酝酿	（动）	yùnniàng	to brew
10. 卓越	（形）	zhuóyuè	outstanding
11. 平庸	（形）	píngyōng	mediocre
12. 期许	（动）	qīxǔ	to ardently hope or expect
13. 何去何从		hé qù hé cóng	what course to follow

专有名词 Proper names

沃伦·巴菲特	Wòlún bāfēitè	Warren Buffett

学一学 Grammar

尽管……，但是/然而/却/还是……

用在前一分句，表示让步关系，后面常有“但是/还是/然而/却”等词，相当于“虽然”。

1. 尽管失败了很多次，她还要坚持实验下去。
2. 尽管环境非常艰苦，可是没有一个人放弃。

3. 尽管领导一再教育，然而小王仍然不认为自己犯了一个严重的错误。

练一练 Exercises

1. 连线组成短语

Match and form a phrase

(1)	传承	社会	(2) 稀缺	卓越
	肩负	财富	领导力	资源
	主流	责任	竞争	激烈

2. 根据课文内容，判断正误（正确的划√，错误的划×）

Decide whether the following statements are true(√) or false(×) according to the text

(1) 巴菲特把"富二代"称为"幸运的精子"。

(2) "富二代"拥有比别人更多的财富，主要是因为他们自己。

(3) "富二代"从来到这个世界的那一刻起，就肩负着父辈公司兴衰的责任。

(4) 按照中国的传统，随着父辈们的老去以及"富二代"的成长，他们中的多数人将陆续接班。

(5) 目前，中国全部家族企业都已经确定好了二代接班团队，并且检验了接班人的领导力。

(6) 很多相对平庸的二代们，面对父辈的期许与市场竞争的激烈，不知道该怎么办。

星期五 Friday

难度：★★★　建议时间：3.5分钟　字数：366

拇指经济

过年了，你打算用什么方式拜年？是打算走家串户、登门拜访还是写信或寄贺卡拜年？是打个电话、写封电子邮件、发条短信还是分享一条网络视频？在手机拥有量全球第一的中国，"拇指经济"的能量和发展潜力在今年春节表现得淋漓尽致。

2001年全国手机短信发送量为189亿条，2005年达3046亿条。预计2010年春节黄金周，手机短信达到约200亿条。如以每条短信0.1元计算，三大电信运营商将坐收20亿元。

除夕夜，伴随着大年夜的爆竹声声，打个电话拜年真是年味十足。初一一大早，走街串巷登门拜访，尽显对亲友的尊重。不过，登门拜访、打电话拜年能够顾及的亲友实在有限，于是发条短信显得更省事些。用心地编写一条祝福满满的短信，发给亲朋好友，也算是尽心尽意了。

3G网络时代，用户手上带有视频功能的手机渐渐多了起来，于是不少人用3G手机视频来拜年，其最大特色是更接近登门拜访，既能见到人又能听到声音。

（改编自网易财经）

小贴士

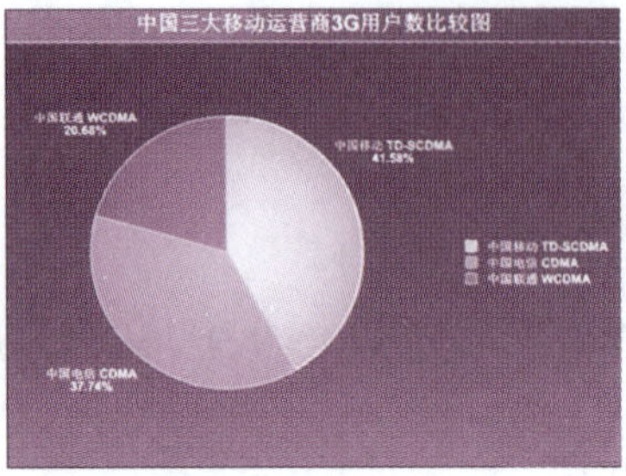

中国移动、中国电信和中国联通是中国三大电信运营商。三家运营商分别在2009年2月、4月、10月开始正式运营3G网络。2009年被称为中国的3G元年。

生词 New words

1. 淋漓尽致	línlí jìnzhì	vividly and incisively; in great detail
2. 运营商（名）	yùnyíngshāng	a mobile network operator
3. 爆竹　（名）	pàozhú	firecracker
4. 尽显　（动）	jìnxiǎn	to reveal completely
5. 顾及　（动）	gùjí	to consider
6. 尽心尽意	jìn xīn jìn yì	to make great efforts to serve (other people)

学一学 Grammar

1. 淋漓尽致

形容表达得非常详细或者表现得非常彻底。

（1）在队友的支持下，本场比赛麦蒂将自己的特点发挥得淋漓尽致。

（3）热爱的体育的人都觉得只有在运动场上才能淋漓尽致地表现自己。

（4）作家淋漓尽致地写出了主人公对和平生活的怀念以及对生的渴望。

2. 尽心尽意

表示为别人尽自己的心意。

（1）有人认为去餐厅吃饭，不用给小费，因为服务员本来就应该尽心尽意为客人服务。

（2）莉莉生下了一个胖乎乎的儿子，她的婆婆高兴得合不拢嘴，尽心尽意地照顾她。

（3）现代企业都坚持员工参与经营的理念，让职员们把公司看做自己的事业，尽心尽意地工作。

练一练 Exercises

1. 在下列空格中填入合适的汉字，使得上下左右能组成词或短语

Fill in the blanks with a suitable character to form a word or phrase around

（1）		享		（2）		量	
	离	☐	开		力	☐	显
		手				快	

2. 选词填空

Choose the correct words

（1）打电话、写电子邮件、发短信或者（享受/分享）网络视频同样也是拜年的好方式。

（2）中国的手机拥有量全球第一，“拇指经济”的能量和发展潜力在今年春节表现得（淋漓尽致/尽心尽意）。

（3）除夕夜，伴随着大年夜的爆竹（满满/声声），打个电话拜年真是年味十足。

（4）初一一大早，走街串巷登门拜访，（尽显/显得）对亲友的尊重。

（5）不少人用3G手机视频来拜年，其最大（特别/特色）是更接近登门拜访，既能见到人又能听到声音。

周末总盘点

词汇盘点 Key words extended

兴旺	低迷	机制	卓越	尽显
事业兴旺	价格低迷	市场机制	卓越的才能	尽显才能
生意兴旺	经济低迷	竞争机制	卓越的成就	尽显风采
兴旺起来	市场低迷	激发机制	卓越的科学家	尽显优势

玩转周末 Fun weekend

猜一猜 Guess

小毛喜爱运动，有一天他在38°C高温太阳下做激烈运动，他居然没流汗，为什么？

轻松一刻 Easy time

人才难得

一家公司的老板到警察局报案：“有个流氓冒充我的推销员，赚了10万美元！

A rare talent

One boss of a company came to report to the police station: “A rogue pretended to

这比我所有的员工在客户身上赚到的钱多得多。你们一定要找到他！”

“我们一定抓住他，把他关进监狱。”

“关起来干什么？我要聘用他！”

（改编自百度空间）

be my salesman and earned $ 100,000! This is much more than that all the staff earned from their customers. You must find him.”

“We will catch him and throw him into prison.”

“Into prison? I want to hire him.”

在哪儿见过? Where have you ever seen these pictures?

1. 这是中国一家银行自助服务招牌：

招商银行　　Zhāoshāng Yínháng　China Merchants Bank

2. 在网上你会看到的一些关于中国经济的漫画：

(1)

宏观调控　　hóngguān tiáokòng　macro control

（2）

世界经济	shìjiè jīngjì	the world economy

（3）

经济适用房	jīngjì shìyòngfáng	affordable housing
杜甫	Dù Fǔ	a Tang Dynasty poet

答案 Key to the exercises

星期一

1. (1) 相逢　(2) 竟然　(3) 气质　(4) 帮手

2. (1) √　(2) √　(3) √　(4) ×　(5) ×

星期二

1. (1) 电视——媒体　楼市——低迷　准备——装修
(2) 筹划——买车　分期——付款　生活——压力

2. (1) C　(2) D　(3) A　(4) B

星期三

1. (1) 机　(2) 顺

2. (1) 淡化　(2) 疲软　(3) 旺盛　(4) 恐惧

星期四

1. (1) 传承——财富　肩负——责任　主流——社会
(2) 稀缺——资源　领导力——卓越　竞争——激烈

2. (1) √　(2) ×　(3) √　(4) √　(5) ×　(6) √

星期五

1. (1) 分　(2) 尽

2. (1) 分享　(2) 淋漓尽致　(3) 声声　(4) 尽显　(5) 特色

玩转周末

他在水里游泳。

附录一

生词表

A

安慰		ānwèi	to comfort	6—Mon
安装	（动）	ānzhuāng	to install	2—Mon

B

拔罐	（名）	báguàn	cupping	5—Tue
把握★	（动）	bǎwò	to grasp; to seize (the chance)	6—Mon
摆平	（动）	bǎipíng	to impartial; to be fair to	7—Wed
颁	（动）	bān	to award	11—Tue
办理★	（动）	bànlǐ	to handle	2—Tue
半成品	（名）	bànchéngpǐn	semi-manufactured goods	12—Mon
伴随	（动）	bànsuí	to accompany;to follow	1—Tue
帮手	（名）	bāngshǒu	assistant	12—Mon
榜样	（名）	bǎngyàng	model	7—Thu
磅	（量）	bàng	pound	3—Wed
保龄球	（名）	bǎolíngqiú	bowling	3—Tue
保姆	（名）	bǎomǔ	a nursemaid; a housekeeper	6—Wed
保障★	（名）	bǎozhàng	safeguard; security	5—Wed
报警	（动）	bàojǐng	to give an alarm	11—Mon
暴雨	（名）	bàoyǔ	torrential rain; rainstorm	1—Tue
爆竹	（名）	pàozhú	firecracker	12—Fri
倍	（量）	bèi	times; fold	5—Mon
逼真	（形）	bīzhēn	vivid; lifelike; almost real	10—Mon
比比皆是		bǐ bǐ jiē shì	to be found or seen everywhere	5—Mon
贬值	（动）	biǎnzhí	to depreciate	12—Wed
便携	（形）	biànxián	portable	7—Fri
冰冻	（动）	bīngdòng	to freeze	2—Wed
播种	（动）	bōzhòng	to sow	1—Wed
不怀好意		bù huái hǎo yì	to harbor malicious intentions	7—Wed
不禁	（动）	bùjīn	can not help doing something	3—Mon
不由自主		bù yóu zì zhǔ	cannot help doing sth	10—Mon

C

擦肩而过		cā jiān ér guò	to pass somebody at shoulder-rubbing distance; to be very close but not quite there	3—Mon

* 加“★”的生词是每周要掌握的重点生词。

沧桑★	（名）	cāngsāng	vicissitudes	8—Wed
层出不穷		céng chū bù qióng	to emerge in an endless stream	5—Fri
产业	（名）	chǎnyè	industry	7—Fri
场	（量）	chǎng	used for recreational or sports activities	1—Mon
畅销	（动）	chàngxiāo	to sell well; to be in great demand	7—Wed
潮流	（名）	cháoliú	the trend	5—Thu
成本	（名）	chéngběn	the cost; prime cost	8—Mon
呈现	（动）	chéngxiàn	o emerge; to present (a certain appearance)	7—Mon
迟疑	（形）	chíyí	hesitant; shy	10—Mon
迟早★	（副）	chízǎo	sooner or later	4—Thu
充其量		chōngqíliàng	at best; at most	3—Thu
崇尚★	（动）	chóngshàng	to uphold; to advocate	5—Mon
筹划	（动）	chóuhuà	to plan and prepare	12—Tue
初出茅庐		chū chū máolú	young and inexperienced	5—Mon
传承	（动）	chuánchéng	to pass on and to inherit	12—Thu
创意	（名）	chuàngyì	a creative idea	7—Mon
创作★	（动）	chuàngzuò	to create	10—Tue
纯粹	（形）	chúncuì	pure; absolute	10—Thu
纯属虚构		chún shǔ xūgòu	to make out of the whole cloth	7—Wed
刺激	（名）	cìjī	a stimulus; an impulse	10—Thu
粗鲁★	（形）	cūlǔ	rude; impolite	8—Thu
寸土寸金		cùn tǔ cùn jīn	an inch of land values an inch of gold	5—Mon
措施★	（名）	cuòshī	measure	3—Fri

D

搭	（动）	dā	to take(a ship, plane, etc.)	2—Wed
打量	（动）	dǎliang	to look sb. up and down	10—Mon
大纲	（名）	dàgāng	outline	6—Fri
大名鼎鼎		dà míng dǐng dǐng	famous; well-known	8—Wed
大拇指	（名）	dàmǔzhǐ	a thumb	4—Thu
待见	（动）	dàijiàn	to care for (usually in a negative sentence)	7—Wed
怠速	（名）	dàisù	to tick over (of an engine) to run at low speed with the transmission disengaged	2—Thu
淡化	（动）	dànhuà	to water down	12—Wed
导火索	（名）	dǎohuǒsuǒ	a fuse	10—Fri
导向	（动）	dǎoxiàng	to direct something towards	11—Tue
倒塌	（动）	dǎotā	to collapse; to topple down	1—Tue
倒映	（动）	dàoyìng	to reflect in the water	8—Fri
到访	（动）	dàofǎng	to visit	9—Fri
道	（量）	dào	a quantifier applying to something much longer than wide	
低迷★	（形）	dīmí	downturn	12—Tue
底座	（名）	dǐzuò	base	11—Tue
地标	（名）	dìbiāo	[Navigation] land mark	10—Tue
巅峰	（名）	diānfēng	the highest point; a summit; a climax	9—Wed

踮	（动）	diǎn	to stand on tiptoe	6—Mon
冻土	（名）	dòngtǔ	frozen earth	1—Thu
嘟哝	（动）	dūnong	to mutter to oneself; to mumble	4—Fri
睹	（动）	dǔ	to see; to observe	9—Tue
度假村	（名）	dùjiàcūn	tourist place to spend one's holidays; holiday tour arena	6—Mon
对	（量）	duì	a pair	4—Thu
对齐	（动）	duìqí	to align; to aline	10—Wed
对折	（动）	duìzhé	double back	10—Wed

E

而立之年		ér lì zhī nián	thirties	3—Fri
二氧化碳	（名）	èryǎnghuàtàn	[Chemistry] carbon dioxide	5—Thu

F

发起	（动）	fāqǐ	to initiate; to sponsor	2—Wed
发售	（动）	fāshòu	to sell	2—Tue
法典	（名）	fǎdiǎn	a code of laws; a statute book	10—Fri
反侵略		fǎn qīnlüè	anti-aggression	10—Fri
范畴	（名）	fànchóu	category	11—Fri
防水	（动）	fángshuǐ	waterproof	8—Fri
房贷		fáng dài	housing mortgage loan	12—Tue
房奴	（名）	fángnú	mortgage slave	12—Tue
仿佛	（动）	fǎngfú	to seem	12—Thu
非凡	（形）	fēifán	extraordinary; uncommon	11—Fri
废品	（名）	fèipǐn	production rejects; wastes	6—Tue
废墟	（名）	fèixū	ruins (of a city, castle, etc.)	9—Mon
分配★	（动）	fēnpèi	to assign	2—Fri
分期付款		fēnqī fùkuǎn	payment by installments	12—Tue
分享★	（动）	fēnxiǎng	to share	
氛围	（名）	fēnwéi	atmosphere	7—Thu
丰收★	（动）	fēngshōu	to have a good harvest; bumper harvest	1—Wed
风采	（名）	fēngcǎi	elegant demeanor (or appearance)	9—Tue
风和日丽		fēng hé rì lì	warm and sunny weather	3—Mon
风险	（名）	fēngxiǎn	risk; hazard	3—Fri
浮动	（动）	fúdòng	to float	12—Wed
符合	（动）	fúhé	to accord with	2—Mon
福利	（名）	fúlì	welfare	5—Wed
俯视	（动）	fǔshì	to have a bird's eye view (of)	10—Fri
负荷	（名）	fùhè	load(that a person or machine is expected to perform)	2—Mon
复合纤维		fùhé xiānwéi	composite fiber	11—Thu
复苏	（动）	fùsū	to revive	12—Wed

G

概括	（动）	gàikuò	to summarize	7—Mon
干扰	（动）	gānrǎo	to interference	9—Thu
橄榄叶	（名）	gǎnlǎnyè	olive leaves	10—Fri
岗位	（名）	gǎngwèi	a post; a position	5—Wed
高尔夫球	（名）	gāo'ěrfūqiú	golf	3—Tue
高考	（名）	gāokǎo	university (or college) entrance examination	6—Wed
高跷	（名）	gāoqiāo	stilts (to walk on)	4—Mon
高血压	（名）	gāoxuèyā	[Medicine] high blood pressure; hypertension	5—Tue
高涨	（形）	gāozhǎng	upsurge; (tensions, etc.) run high	9—Wed
给予	（动）	jǐyǔ	[Formal] to give; to render; to offer	9—Tue
跟踪	（动）	gēnzōng	to follow the tracks of; to trail	11—Mon
公布★	（动）	gōngbù	to announce; to give publicity to; to notify	6—Fri
供不应求		gōng bú yìng qiú	supply falls short of demand	6—Thu
古朴	（形）	gǔpǔ	of primitive simplicity; be simple and unsophisticated	9—Fri
股★	（量）	gǔ	used for strength, smell etc.	1—Mon
股价	（名）	gǔjià	share price; stock price	9—Thu
固定	（形）	gùdìng	fixed; stable; steady	6—Fri
故意	（副）	gùyì	deliberately; purposely	6—Mon
顾及	（动）	gùjí	to consider	12—Fri
刮痧	（名）	guāshā	a popular treatment for sunstroke by scraping the patient's neck, chest or back	5—Tue
怪异	（形）	guàiyì	weird	10—Mon
管制	（动）	guǎnzhì	to control; to restrain	9—Thu
规划	（动）	guīhuà	to map out; to draw up	10—Tue
桂冠	（名）	guìguān	a laurel crown	8—Fri
国脚	（名）	guójiǎo	player of the national football team	9—Wed
过分	（副）	guòfèn	overly	3—Tue

H

海关	（名）	hǎiguān	Customs; (Br.) customshouse; (Am.) customhouse	5—Wed
海滩	（名）	hǎitān	seabeach	1—Tue
含量	（名）	hánliàng	content	1—Thu
捍卫★	（动）	hànwèi	to defend; to guard	9—Wed
毫米	（量）	háomǐ	millimetre	1—Wed
好转★	（动）	hǎozhuǎn	to turn for the better	9—Thu
号召★	（动）	hàozhào	to call; to appeal	6—Tue
何去何从		hé qù hé cóng	what course to follow	12—Thu
后卫	（名）	hòuwèi	[Sports] a backfielder; the guard	9—Wed
胡言乱语		hú yán luàn yǔ	to talk nonsense	1—Thu
化学反应		huàxué fǎnyìng	[Chemistry] a chemical reaction	11—Wed

恢复★	（动）	huīfù	to recover	3—Thu
回升	（动）	huíshēng	to rise again (after a fall)	1—Fri
汇率	（名）	huìlǜ	exchange rate	12—Wed
会心	（形）	huìxīn	understanding; knowing	9—Fri
荤	（名）	hūn	a meat diet; a meat dish	4—Fri
活力	（名）	huólì	vigor	10—Thu
活塞	（名）	huósāi	piston	2—Thu
火	（形）	huǒ	flourish and be popular	2—Fri
火爆	（形）	huǒbào	prevailing; popular	5—Tue
火炬	（名）	huǒjù	a torch	10—Fri
火山灰	（名）	huǒshānhuī	[Geology] (of volcano) ash	9—Thu

J

机油	（名）	jīyóu	engine oil	2—Thu
机制★	（名）	jīzhì	mechanism	12—Wed
积蓄	（动）	jīxù	to save; to gather	6—Thu
积雪	（名）	jīxuě	accumulated snow	1—Mon
基座	（名）	jīzuò	pedestal	11—Tue
跻身	（动）	jīshēn	to ascend	3—Thu
即将★	（副）	jíjiāng	be about to; be on the point of	7—Tue
集聚	（动）	jíjù	to gather; to assemble	10—Tue
几何	（名）	jǐhé	[Mathematics] geometry	8—Wed
纪念日	（名）	jìniànrì	a memorable date	12—Mon
忌讳	（名）	jìhuì	a taboo	8—Thu
加强★	（动）	jiāqiáng	to strengthen; to enhance	9—Fri
家政	（名）	jiāzhèng	housekeeping	6—Wed
肩负	（动）	jiānfù	to shoulder	12—Thu
检测	（动）	jiǎncè	to check up, to examine	11—Wed
简洁★	（形）	jiǎnjié	concise	8—Wed
见证	（动）	jiànzhèng	to witness	8—Wed
建筑	（名）	jiànzhù	architecture	10—Tue
浇灭	（动）	jiāomiè	to quench; to put out	10—Fri
焦急	（形）	jiāojí	anxious; worried	2—Wed
接触	（动）	jiēchù	to come into contact with	7—Thu
结构	（名）	jiégòu	structure	3—Tue
截至	（动）	jiézhì	up to (a time)	9—Mon
筋疲力尽		jīn pí lì jìn	to be completely exhausted	6—Mon
锦标赛	（名）	jǐnbiāosài	a tournament	3—Fri
谨慎	（形）	jǐnshèn	wary	2—Fri
尽显	（动）	jìnxiǎn	to reveal completely	12—Fri
尽心尽意		jìn xīn jìn yì	to make great efforts to serve (other people)	12—Fri
进度	（名）	jìndù	achieved percentage of scheduled progress	6—Fri
进口	（名）	jìnkǒu	import	7—Mon
经络	（名）	jīngluò	channels and collaterals	5—Tue

惊吓	（动）	jīngxià	to frighten; to scare	6—Mon
精子	（名）	jīngzǐ	sperm	12—Thu
警告	（动）	jǐnggào	to warn	1—Thu
警惕	（动）	jǐngtì	to watch out for	2—Fri
竟然	（副）	jìngrán	to one's surprise	12—Mon
菊花	（名）	júhuā	[Botany] a chrysanthemum	4—Tue
具备	（动）	jùbèi	to possess; to be provided with	11—Mon
绝望	（动）	juéwàng	to despair	1—Thu
均衡	（形）	jūnhéng	balanced	2—Mon
菌群	（名）	jūnlèi	colony of bacteria	11—Wed

K

开阔★	（动）	kāikuò	to widen	4—Tue
开启	（动）	kāiqǐ	to open	11—Mon
开设	（动）	kāishè	open (for business, etc.)	6—Fri
开支	（名）	kāizhī	expenses; expenditure; spending	5—Thu
看中	（动）	kànzhòng	to take a liking to; take a fancy to	6—Wed
烤炉	（名）	kǎolú	an oven; a toaster	8—Mon
可遇不可求		kě yù bù kě qiú	something that can only be found by accident, and not through seeking	7—Wed
课程	（名）	kèchéng	a curriculum	6—Thu
空竹	（名）	kōngzhú	diabolo; the devil on two sticks	4—Mon
恐惧	（名）	kǒngjù	horror	12—Wed
口腔	（名）	kǒuqiāng	the oral cavity	11—Wed
快捷	（形）	kuàijié	(of speed) quick	2—Fri
宽裕	（形）	kuānyù	well-off;well-to-do	5—Mon
款	（量）	kuǎn	type; kind	11—Mon
窥视	（动）	kuīshì	to peep at; to spy on	11—Fri
困扰	（动）	kùnrǎo	to perplex; to beset; to persecute	5—Mon

L

缆绳	（名）	lǎnshéng	cable	11—Thu
老祖宗	（名）	lǎozǔzong	ancestors	5—Tue
累积	（动）	lěijī	to accumulate	10—Thu
礼让	（动）	lǐràng	give precedence to somebody out of courtesy or thoughtfulness	6—Tue
理性	（名）	lǐxìng	the rational faculty	2—Fri
力所能及		lì suǒ néng jí	as far as one's capacity allows; in one's power	6—Wed
历来	（副）	lìlái	always	11—Tue
立意	（动）	lìyì	theme; conception	10—Thu
连杆	（名）	liángǎn	connecting rod	2—Thu
连日★	（副）	liánrì	for days on end	2—Wed
联盟	（名）	liánméng	federation	3—Thu
廉价★	（形）	liánjià	cheap	2—Mon

良好★	（形）	liánghǎo	fine; good	7—Thu
凉爽	（形）	liángshuǎng	pleasantly cool	1—Wed
粮食	（名）	liángshi	grain; cereals; food	1—Wed
量力而行		liàng lì ér xíng	to do what one is capable of	3 —Tue
裂缝	（名）	lièfèng	a crack; a fissure	9—Mon
临时	（副）	línshí	temporarily	2—Tue
淋漓尽致		línlí jìnzhì	vividly and incisively; in great detail	12—Fri
琳琅满目		línláng mǎn mù	dazzling array of beautiful exhibits; a feast for the eyes	8—Tue
领会★	（动）	lǐnghuì	to understand; to grasp	11—Tue
领事馆	（名）	lǐngshìguǎn	a consulate; consular service	8—Tue
领袖	（名）	lǐngxiù	leader	3—Thu
领域	（名）	lǐngyù	a field	9—Fri
留意	（动）	liúyì	keep one's eyes open	2—Tue
流畅★	（形）	liúchàng	easy and smooth; fluent	8—Wed
流域	（名）	liúyù	river basin	1—Mon
楼市	（名）	lóushì	housing property market	12—Tue
露天小院		lùtiān xiǎoyuàn	open-air courtyard	7—Mon
绿丝带		lǜ sīdài	green ribbon	2—Wed
略	（副）	lüè	slightly	1—Fri

M

马拉松	（名）	Mǎlāsōng	marathon	3—Fri
盲目	（形）	mángmù	blind	1—Tue
媒体	（名）	méitǐ	media	10—Tue
美学	（名）	měixué	aesthetics	11—Fri
庙会	（名）	miàohuì	a temple fair	4—Mon
民营企业		mínyíng qǐyè	an enterprise with non-governmental investor	12—Thu
敏感★	（形）	mǐngǎn	sensitive; susceptible	10—Thu
名胜古迹		míng shèng gǔ jì	places of historic interest and scenic beauty	8—Mon
模型	（名）	móxíng	model	1—Thu
陌生	（形）	mòshēng	strange; unfamiliar	5—Tue
默契	（名）	mòqì	unvoiced pact	3—Thu
谋生★	（动）	móushēng	to make a living	7—Wed
目不暇接		mù bù xiá jiē	there are too many things for the eye to take in	4—Mon
目击者		mùjīzhě	an eyewitness; a witness	9—Mon

N

拿手★	（形）	náshǒu	be good at	4—Fri
耐热性		nàirè xìng	heat resistance	11—Thu
能量	（名）	néngliàng	energy	3—Wed
能源	（名）	néngyuán	the sources of energy	2—Thu
黏膜	（名）	niánmó	mucous membrane	2—Thu
凝视	（动）	níngshì	to gaze at ; to stare at	11—Fri

O

偶尔	（副）	ǒu'ěr	occasionally; once in a while	7—Tue

P

拍摄	（动）	pāishè	to shoot; to film	11—Fri
排放★	（动）	páifàng	to discharge	1—Thu
排行榜	（名）	páihángbǎng	the billboard; the charts	5—Tue
徘徊	（动）	páihuái	to hesitate ; to hover	5—Fri
庞大	（形）	pángdà	tremendous; huge ;enormous	5—Fri
陪同	（动）	péitóng	to accompany	9—Fri
配备	（动）	pèibèi	to provide (manpower or equipment)	11—Mon
喷发	（动）	pēnfā	to erupt	9—Thu
碰壁	（动）	pèngbì	to meet a rebuff	6—Thu
疲软	（形）	píruǎn	weak	12—Wed
飘红	（动）	piāohóng	a general price rise of stocks and other securities	12—Mon
飘扬	（动）	piāoyáng	to flutter; to wave	2—Wed
票房	（名）	piàofáng	box office	11—Fri
品牌	（名）	pǐnpái	a brand	10—Thu
平淡	（形）	píngdàn	wateriness ; dull;	9—Tue
平庸	（形）	píngyōng	mediocre	12—Thu
评比	（动）	píngbǐ	to evaluate (by comparison)	6—Tue
评估★	（动）	pínggū	to assess	11—Thu
凭	（介）	píng	be based on	2—Tue
屏幕	（名）	píngmù	screen	7—Fri
普及	（动）	pǔjí	to popularize	11—Mon

Q

期许	（动）	qīxǔ	to ardently hope or expect	12—Thu
其余	（代）	qíyú	the rest; the remainder	1—Fri
气氛	（名）	qìfēn	an atmosphere	4—Fri
气象	（名）	qìxiàng	meteorological phenomena	1—Thu
气血	（名）	qìxuè	qi and Blood	5—Tue
气质	（名）	qìzhì	disposition	12—Mon
企图	（动）	qǐtú	to attempt; to have designs on	10—Fri
起伏	（动）	qǐfú	to raise and fall	1—Fri
牵动	（动）	qiāndòng	to influence	6—Wed
牵线		qiān xiàn	to act as a go-between	2—Fri
铅丝	（名）	qiānsī	lead wire	11—Wed
前仰后合		qián yǎng hòu hé	to rock with laughter	4—Mon
潜力	（名）	qiánlì	potentiality	3—Thu
潜移默化		qián yí mò huà	be imperceptibly influenced by	5—Thu
强劲	（形）	qiángjìng	powerful	12—Wed
墙壁	（名）	qiángbì	wall	7—Mon

青铜器	（名）	qīngtóngqì	bronze ware; bronze vessels	8—Wed
清爽	（形）	qīngshuǎng	fresh and cool	1—Wed
情商	（名）	qíngshāng	EQ (the abbreviation of Emotional Quotient)	6—Mon
区域	（名）	qūyù	area; district	7—Thu
确保★	（动）	quèbǎo	to ensure; to assure	4—Thu
群居	（动）	qúnjū	to live in herds; to hive	5—Fri

R

燃料	（名）	ránliào	fuel	2—Mon
热门★	（形）	rèmén	popular; hot	11—Mon
热身	（动）	rèshēn	(of athletic activities) to warm up	9—Wed
热衷	（动）	rèzhōng	be wild about ; zeal	5—Tue
人山人海		rén shān rén hǎi	huge crowds of people; a sea of people	8—Tue
任意	（副）	rènyì	at will; at one's own choice	6—Fri
日照	（名）	rìzhào	sunshine	1—Wed
荣誉	（名）	róngyù	honor; glory	9—Wed
容纳	（动）	róngnà	to have a capacity of; to contain; to hold	8—Tue
融入	（动）	róngrù	to blend into; to melt into	6—Thu
润滑	（动）	rùnhuá	to lubricate	2—Thu
弱小	（形）	ruòxiǎo	(the) small and weak	5—Fri

S

三五成群		sān wǔ chéng qún	small huddles; in knots	8—Mon
色彩★	（名）	sècǎi	color	7—Mon
上级	（名）	shàngjí	higher authorities	6—Fri
设备	（名）	shèbèi	device	2—Mon
身临其境		shēn lín qí jìng	to actually be there; to be personally on the scene	11—Fri
神父	（名）	shénfù	[Religion] a Catholic father; a priest	10—Mon
审美★		shěnměi	appreciation of the beautiful	11—Fri
渗透★	（动）	shèntòu	to permeate;to seep	1—Tue
升值	（动）	shēngzhí	to appreciate; to rise in value	12—Wed
生机	（名）	shēngjī	vitality	7—Fri
生老病死		shēng lǎo bìng sǐ	birth and old age, sickness and death	4—Thu
时机	（名）	shíjī	an opportunity; a suitable (or right) time	6—Mon
实际	（形）	shíjì	practical; realistic	9—Fri
实施	（动）	shíshī	to implement	11—Tue
食指	（名）	shízhǐ	a forefinger	4—Thu
试行	（动）	shìxíng	to try out	2—Tue
试验★	（名）	shìyàn	experiment	3—Tue
释放	（动）	shìfàng	to release	1—Thu
收购站		shōugòu zhàn	purchasing centre	6—Tue
舒畅	（形）	shūchàng	happy; entirely free from worry	5—Tue
疏忽	（动）	shūhū	to neglect; to omit	6—Mon
竖立	（动）	shùlì	to erect; to rise	9—Fri

数据	（名）	shùjù	data; statistics	9—Mon
水灵	（形）	shuǐling	bright and beautiful	8—Thu
顺差	（名）	shùnchā	favorable balance	12—Wed
说到底		shuōdàodǐ	in the final analysis	3—Thu
说教	（动）	shuōjiào	to deliver a sermon; to preach	10—Thu
私人	（形）	sīrén	private; personal	3—Wed
思考	（动）	sīkǎo	to think	7—Thu
松动	（动）	sōngdòng	not to hard up	1—Tue
诵读	（动）	sòngdú	to read aloud; to chant	6—Tue
酸	（名）	suān	[Chemistry] acid	11—Wed
随机	（副）	suíjī	randomly	7—Tue
祟	（名）	suì	evil	4—Wed
损害★	（动）	sǔnhài	to do harm to	2—Thu
损失	（名）	sǔnshī	a (financial, etc.) loss	9—Mon
所示		suǒshì	shown	10—Wed

T

太空	（名）	tàikōng	the universe	11—Thu
太阳能	（名）	tàiyángnéng	solar energy	11—Wed
炭	（名）	tàn	charcoal	8—Mon
糖尿病	（名）	tángniàobìng	[Medicine] diabetes; diabetes mellitus	5—Tue
陶瓷	（名）	táocí	pottery and porcelain; ceramics	8—Wed
特性	（名）	tèxìng	feature; characteristic	7—Fri
提倡★	（动）	tíchàng	to advocate	10—Thu
体面	（名）	tǐmiàn	dignity; face; decency	5—Wed
体味	（动）	tǐwèi	to appreciate; to taste	6—Tue
体验	（动）	tǐyàn	to experience	11—Mon
替补	（名）	tìbǔ	substitute	9—Wed
天分	（名）	tiānfèn	genius; gift; talent	10—Mon
天价	（名）	tiānjià	an astronomical price	5—Mon
天然气	（名）	tiānránqì	natural gas	2—Mon
天使	（名）	tiānshǐ	an angel	10—Mon
田径场	（名）	tiánjìngchǎng	athletic field	3—Fri
通明	（形）	tōngmíng	brightly lit	9—Fri
通信	（名）	tōngxìn	correspondence	9—Mon
铜	（名）	tóng	copper	4—Wed
统计	（动）	tǒngjì	to gather statistics	5—Wed
投入★	（动）	tóurù	to put in; to plunge into	6—Thu
投资	（名）	tóuzī	investment	11—Thu
推波助澜		tuī bō zhù lán	to make a stormy sea stormer	12—Mon
推迟	（动）	tuīchí	to postpone	2—Tue
推崇	（动）	tuīchóng	to praise highly	1—Thu
推广★	（动）	tuīguǎng	to popularize	2—Mon
推力	（名）	tuīlì	thrust	12—Mon

推销	(动)	tuīxiāo	to market	5—Fri
推卸	(动)	tuīxiè	to shrik	12—Thu
退	(动)	tuì	to return	2—Tue
脱销	(动)	tuōxiāo	to sold out; out of stock	5—Tue

W

弯曲	(形)	wānqū	to flex (a finger, etc.)	4—Thu
完善★	(形)	wánshàn	faultless; perfect	5—Wed
挽救★	(动)	wǎnjiù	to save	10—Fri
旺盛	(形)	wàngshèng	vigorous	12—Wed
危机	(名)	wēijī	a crisis	9—Thu
威胁	(动)	wēixié	to threaten; to menace	9—Thu
为期	(动)	wéiqī	lasting (a certain time)	9—Tue
围绕	(动)	wéirào	to surround; to encircle; to go around	6—Tue
帷幕	(名)	wéimù	a heavy curtain	9—Tue
卫冕	(动)	wèimiǎn	to defend one's championship	9—Wed
卫星	(名)	wèixīng	a satellite	8—Tue
文凭	(名)	wénpíng	a diploma	6—Thu
问鼎	(动)	wèndǐng	to try to carry off the first prize	11—Tue
污染物		wūrǎn wù	contaminant	2—Mon
无名指	(名)	wúmíngzhǐ	a ring finger	4—Thu
舞台剧	(名)	wǔtáijù	a stage play	10—Thu
物流	(名)	wùliú	a physical commodity in circulation	2—Mon

X

悉数	(动)	xīshù	all; the entire sum	3—Fri
稀缺	(形)	xīquē	premium; in short supply	12—Thu
袭击★	(动)	xíjī	to attack by surprise; to raid	9—Mon
系列	(名)	xìliè	a series	10—Thu
细则	(名)	xìzé	detailed rules	11—Tue
狭小	(形)	xiáxiǎo	narrow and small	5—Mon
下岗	(动)	xiàgǎng	to lose one's job	5—Wed
下属	(名)	xiàshǔ	subordinate	7—Wed
先进	(形)	xiānjìn	advanced	3—Mon
先兆	(名)	xiānzhào	an omen; a portent; a sign	8—Thu
鲜艳★	(形)	xiānyàn	bright-colored	10—Mon
现役	(形)	xiànyì	active; on active duty (or service)	8—Fri
限度	(名)	xiàndù	limitation	3—Fri
羡慕	(动)	xiànmù	to admire	6—Wed
相逢	(动)	xiāngféng	to meet by chance	12—Mon
相关	(动)	xiāngguān	be related	2—Tue
消除	(动)	xiāochú	to eliminate; to clear up	11—Fri
消化★	(动)	xiāohuà	to digest	3—Wed
消遣	(动)	xiāoqiǎn	to divert oneself	7—Wed

小雪	（名）	xiǎoxuě	slight snow (20th solar term), about November 22 of a year	1—Mon
笑话	（动）	xiàohua	to ridicule; to laugh at	8—Thu
效用	（名）	xiàoyòng	effectiveness	3—Mon
心肝	（名）	xīngān	darling; honey; sweetheart	4—Wed
心声★	（名）	xīnshēng	heartfelt wishes	5—Fri
心跳	（名）	xīntiào	heartbeat	3—Tue
欣喜	（形）	xīnxǐ	joyful; happy; delighted; pleased	5—Thu
薪水	（名）	xīnshuǐ	a salary; wages	9—Thu
兴起	（动）	xīngqǐ	to spring up; to be on the upgrade	2—Fri
兴旺★	（形）	xīngwàng	prosperous	12—Mon
行列	（名）	hángliè	ranks	2—Wed
行业	（名）	hángyè	a profession; a walk of life	6—Thu
雄厚★	（形）	xiónghòu	abundant	7—Fri
休战	（名）	xiūzhàn	truce	3—Thu
需求	（名）	xūqiú	demand	2—Fri
宣称	（动）	xuānchēng	to announce	11—Thu
选课制		xuǎnkè zhì	elective system	6—Fri
选修	（动）	xuǎnxiū	to take an elective or optional course	6—Fri
绚烂	（形）	xuànlàn	[Formal] bright and dazzling; splendid; gorgeous	8—Fri
穴位	（名）	xuéwèi	an acupuncture point	5—Tue
熏陶	（动）	xūntáo	to influence	7—Thu
循环	（动）	xúnhuán	to keep on recurring	5—Thu
迅猛	（形）	xùnměng	swift and violent	7—Fri

Y

压岁钱	（名）	yāsuìqián	money given to children as a lunar New Year gift	4—Wed
压轴戏		yāzhòuxì	grand final; last but best item on a theatrical program	4—Fri
牙膏	（名）	yágāo	toothpaste	11—Wed
牙垢	（名）	yágòu	dental calculus	11—Wed
牙科	（名）	yákē	the dental department	11—Wed
严肃★	（形）	yánsù	solemn	9—Tue
燕麦粥	（名）	yànmàizhōu	oatmeal	3—Wed
摇晃	（动）	yǎohuàng	to shake; to waver	9—Mon
遥不可及		yáo bù kě jí	out of reach	5—Fri
一决高下		yì jué gāo xià	compete for championship	9—Tue
一致★	（形）	yízhì	unanimous	1—Fri
依然	（副）	yīrán	still	1—Fri
仪表盘	（名）	yíbiǎopán	dashboard	2—Thu
义演	（名）	yìyǎn	a benefit performance	4—Tue—Thu
意识	（动）	yìshì	to recognize the worth of something	3—Mon—Thu
意外	（名）	yìwài	accident	11—Fri
引力	（名）	yǐnlì	gravitation	11—Thu

应酬	（动）	yìngchou	to have intercourse; to treat with courtesy	7—Tue
迎刃而解		yíng rèn ér jiě	(of a difficult problem) be solved neatly	5—Fri
影像	（名）	yǐngxiàng	image	11—Fri
硬着陆		yìng zhuólù	to take urgent and heavy measures to solve problems	12—Wed
优势	（名）	yōushì	predominance; advantage	10—Tue
有目共睹		yǒu mù gòng dǔ	to be obvious to all	6—Thu
有氧代谢		yǒu yǎng dài xiàn	aerobic metabolism	3—Tue
有意	（副）	yǒuyì	on purpose	12—Tue
与众不同		yǔ zhòng bùtóng	unusual; distinctive	10—Thu
预测	（动）	yùcè	to forecast	1—Thu
预示	（动）	yùshì	to show in advance; prefigure	4—Fri
遇难	（动）	yùnàn	to die in an accident	9—Mon
原版	（名）	yuánbǎn	original edition	7—Mon
运营商	（名）	yùnyíngshāng	a mobile network operator	12—Fri
运转	（动）	yùnzhuǎn	to operate; to work	3—Wed
酝酿	（动）	yùnniàng	to brew	12—Thu

Z

灾难	（名）	zāinàn	disaster	1—Thu
遭遇	（动）	zāoyù	to meet with; to encounter	1—Fri
造福	（动）	zàofú	to bring benefit to	11—Tue
增进	（动）	zēngjìn	to enhance; to promote	2—Fri
炸毁	（动）	zhàhuǐ	to blow up; to dynamite	10—Fri
寨子	（名）	zhàizi	a stockaded village	8—Fri
展示	（动）	zhǎnshì	to exhibit	10—Tue
占据	（动）	zhànjù	to cover	5—Tue
张开	（动）	zhāngkāi	to stretch; to open	4—Thu
掌勺儿		zhǎngsháor	to be the chef	7—Mon
障碍★	（名）	zhàng'ài	an obstacle; a barrier; a block	8—Mon
招募★	（动）	zhāomù	to recruit	11—Wed
照搬	（动）	zhàobān	to copy; to imitate	9—Tue
珍贵★	（形）	zhēnguì	precious	3—Mon
震耳欲聋		zhèn ěr yù lóng	deafening; ear-splitting; stunning	4—Mon
争风吃醋		zhēng fēng chī cù	to fight for the affections of a man or woman	7—Wed
争议	（动）	zhēngyì	(a) debate; (a) controversy	9—Wed
整合	（动）	zhěnghé	to integrate	7—Fri
正方形	（名）	zhèngfāngxíng	a square	10—Wed
支撑	（动）	zhīchēng	to support	12—Thu
职场	（名）	zhíchǎng	workplace; office place	7—Wed
指挥★	（动）	zhǐhuī	to direct; to command; to give orders to	4—Fri
指示	（名）	zhǐshì	directives; instructions	6—Fri

指示灯	(名)	zhǐshìdēng	a light with the function of indicating something	2—Thu
制订★	(动)	zhìdìng	to draw up; to formulate	6—Fri
质疑	(动)	zhìyí	to call in question; to query	11—Tue
致命	(动)	zhìmìng	fatal; deadly	9—Thu
中产阶级		zhōngchǎn jiējí	middle class	7—Wed
中断	(动)	zhōngduàn	to break off; to go off	9—Mon
重叠	(动)	chóngdié	to overlap	10—Wed
逐渐	(副)	zhújiàn	gradually; slowly	1—Mon
主帅	(名)	zhǔshuài	chief commander	9—Wed
主题	(名)	zhǔtí	subject; topic	3—Mon
注意力	(名)	zhùyìlì	attention	3—Wed
转速		zhuàn sù	rotational speed	2—Thu
装修	(动)	zhuāngxiū	to decorate	10—Tue
卓越★	(形)	zhuóyuè	outstanding	12—Thu
资料	(名)	zīliào	data; material	1—Wed
资质	(名)	zīzhì	qualification	3—Fri
自我防范		zìwǒ fángfàn	self-protection	3—Fri
纵观	(动)	zòngguān	to take a sweeping view; to make a general survey	7—Fri
总裁	(名)	zǒngcái	president of (a company)	11—Thu
走过场		zǒu guòchǎng	to do something perfunctorily or superficially	9—Wed
足疗	(名)	zúliáo	foot massage	5—Tue
组装	(动)	zǔzhuāng	assemble and install	10—Fri
座无虚席		zuò wú xū xí	All seats are occupied.	9—Fri

专有名词 Proper names

A

阿隆·布鲁克斯	ālóng bùlǔkèsī	Aaron Brooks	3—Thu
AC米兰	AC Mǐlán	Associazione Calocio Milan	9—Wed
阿巴特	ābātè	Ignazio Abate	9—Wed
奥林匹克体育中心	àolínpǐkè Tǐyù	Zhōngxīn Olympic Sports Center	3—Fri

B

巴塞罗那	Bāsàiuónà	Barcelona	5—Mon
冰岛	Bīngdǎo	Iceland	9—Thu
布达佩斯	Bùdápèisī	Budapest (the capital of Hungary)	10—Fri
布鲁塞尔	Bùlǔsài'ěr	Brussels (the capital of Belgium)	10—Fri

C

重阳节	Chóngyáng Jié	Chong Yang Festival; Double Ninth Festival	4—Tue

D

第63届法国戛纳国际电影节	Dì Liùshísān Jiè Fǎguó Jiánà Guójì Diànyǐngjié	the 63rd Cannes International Film Festival	9—Tue
丹尼尔·西默斯	Dānní'ěr Xīmòsī	Daniel Seamus	11—Fri

G

鼓浪屿	Gǔlàng Yǔ	Gulangyu Island	8—Tue
国际航空运输协会	Guójì Hángkōng Yùnshū Xiéhuì	International Air Transport Association (IATA)	9—Thu
国家体育总局	Guójiā Tǐyù Zǒngjú	General Administration of Sport of China	3—Fri

H

海底世界	hǎidǐ shìjiè	the underwater world	8—Tue
皓月园	Hàoyuè Yuán	Haoyue Park	8—Tue
黑龙江	Hēilóngjiāng	a province of China	1—Wed

J

金棕榈奖	JīnZōnglǘ Jiǎng	Golden palm	9—Tue
九寨沟	Jiǔzhài Gōu	name of a place in Sichuan province in China	8—Fri
酒仙桥	Jiǔxiānqiáo	Jiuxianqiao Street in Chaoyang District	10—Tue

K

开罗	Kāiluó	Cairo (the capital of Egypt)	10—Fri

L

里皮	Lǐpí	Marcello Lippi	9—Wed
路易斯·斯科拉	Lùyìsī sīkēlā	Luis Scola	3—Thu

M

马自达	Mǎzìdá	Mazda Motor Corp.	12—Tue
迈克尔·莱恩	Màikè'ěr Lái'ēn	Michael Ryan	11—Thu

N

南京路步行街	Nánjīnglù Bùxíngjiē	Nanjing Road Walkway	8—Wed

Q

青海省	Qīnghǎi Shěng	Qinghai, western Chinese province	9—Fri

R

日光岩	Rìguāng Yán	Sunshine Rock	8—Tue

S

上海大剧院	Shànghǎi Dàjùyuàn	Shanghai Grand Theater	8—Wed
上海当代艺术馆	Shànghǎi Dāngdài Yìshùguǎn	Shanghai Museum of Contemporary Art	8—Wed
狮身人面像	shīshēn rénmiànxiàng	the Sphinx	10—Fri
世界生物圈保护区	Shìjiè Shēngwùquān Bǎohùqū	the World Network of Biosphere Reserves	8—Fri
世界自然遗产	Shìjiè Zìrán Yíchǎn	the World Nature Heritage	8—Fri

T

特雷沃·阿里扎	Tèléiwò ālǐzhā	Trevor Ariza	3—Thu
特雷西·麦克格雷蒂	Tèléixī màikègéléidì	Tracy McGrady	3—Thu

W

外滩	Wàitān	Waitan (the Bund), in Shanghai	8—Wed
沃伦·巴菲特	Wòlún bāfēitè	Warren Buffett	12—Thu

X

西班牙	Xībānyá	Spain	8—Thu
新世界	Xīnshìjiè	a shopping mall in Shanghai	8—Wed
小宫司·邦雄	Xiǎogōng Bāngxióng	kuniokomiyama	11—Wed

Y

耶鲁大学	Yēlǔ Dàxué	Yale University	9—Fri
意大利	Yìdàlì	Italy	5—Mon
于廉	Yúlián	a boy's name	10—Fri
玉树县	Yùshù Xiàn	Yushu County in Qinghai province	9—Mon

Z

赞布罗塔	Zànbùluótǎ	Gianluca Zambrotta	9—Wed
郑成功纪念馆	Zhèng Chénggōng Jìniànguǎn	Zheng Chenggong Memorial in Xiamen	8—Tue
置地广场	Zhìdì Guǎngchǎng	The Landmark	8—Wed
自由女神像	zìyóu nǚshénxiàng	the Statue of Liberty	10—Fri
藏族	Zàng Zú	Tibetan Nationality	8—Fri

附录二

语言点

第七周　中国白领的必读之书

第八周　人间仙境——九寨沟

第九周　新闻简讯两则

第十周　798？去酒吧？

第十一周　新型太阳能牙刷

第十二周　富不过二代？